EDUCAR PARA FORMAR VENCEDORES

IÇAMI**TIBA**

EDUCAR PARA FORMAR VENCEDORES

A NOVA FAMÍLIA BRASILEIRA

Integrare
EDITORA

Copyright © 2010 Içami Tiba
Copyright © 2010 Integrare Editora e Livraria Ltda.

Publisher
Maurício Machado

Supervisora editorial
Luciana M. Tiba

Produção editorial e acompanhamento
Miró Editorial

Preparação de Texto
Miró Editorial

Revisão de Provas
Aline Nogueira Marques
Maria Aiko Nishijima
Michelle Neris da Silva

Projeto gráfico de capa e miolo
Alberto Mateus

Diagramação
Crayon Editorial

Foto de quarta capa
André Luiz M. Tiba

Dados Internacionais de Catalogação na Publicação (CIP)
(Câmara Brasileira do Livro, SP, Brasil)

Tiba, Içami
    Educar para formar vencedores : a nova família brasileira / Içami Tiba. –
São Paulo : Integrare Editora, 2010.

    Bibliografia.
    ISBN 978-85-99362-52-5

    1. Afeto (Psicologia) 2. Amor 3. Educação de crianças 4. Emoções 5.
Família - Aspectos psicológicos 6. Mães e filhos 7. Maturidade emocional
8. Pais e filhos 9. Papel dos pais 10. Relações interpessoais I. Título.

10-13065   CDD-158

Índices para catálogo sistemático:
1. Educação de filhos : Pais e filhos : Psicologia aplicada   158

Todos os direitos reservados à INTEGRARE EDITORA E LIVRARIA LTDA.
Rua Tabapuã, 1123, 7º andar, conj. 71/74
CEP 04533-014 - São Paulo - SP - Brasil
Tel.: (55) (11) 3562-8590
Visite nosso site: www.integrareeditora.com.br

Quem ama educa seus filhos para serem vencedores em todos os sentidos: ético, moral, amoroso e profissional. Alta performance familiar é isso.

Mas se este livro trata de famílias, por que insistir tanto no mundo corporativo? Porque a família é constituída de pessoas – as mesmas pessoas que estão e estarão no mundo do trabalho.

IÇAMI TIBA

Conversa com o leitor

Neste mundo contemporâneo, repleto de crises e de tão rápidas mudanças sociais, econômicas, culturais e climáticas, não podemos viver como vivemos até há pouco tempo. Precisamos todos os dias nos renovar, reinventar as atitudes e procurar saídas "globais" para enfrentar cada nova fase de evolução da humanidade.

Este livro está baseado em minha obra anterior, *Família de Alta Performance*, de 2009, publicado pela Integrare Editora , que já passa de 200.000 exemplares vendidos – o que revela a crucial importância deste assunto.

Ele chega até você em formato de bolso, mas composto com as principais ideias lá desenvolvidas. Pensei em fazê-lo mais condensado para o leitor que dispõe de pouco tempo. Porém, ao reiterar alguns caminhos para sermos melhores pessoas neste mundo, insisto na mesma verdade: *todos merecemos excelência na qualidade de vida*. E isso, neste mundo contemporâneo, acontece através da execução da alta *performance*, que explico na página 17.

Conversa com o leitor

Todos merecemos *excelência* *na* qualidade *de* vida.

As relações familiares começam, mesmo, com o nascimento de um filho. E ele é, ao nascer, o primeiro de vários filhos; ou será para sempre um único filho. Sabe-se, hoje, que o número de famílias com filhos únicos está aumentando; portanto, devemos dar atenção a esse formato de família do qual trato na primeira parte deste livro.

> **O número de famílias com um só filho aumenta no mundo todo, inclusive nas Américas, onde essa tipologia era incomum.**

Bem ou mal, os pais conseguem lidar com seus filhos únicos. Mas os problemas se multiplicam quando há irmãos, pois eles têm ritmos, temperamentos e objetivos particulares. E cada um, sabemos muito bem, deseja sentir-se filho único. Como a organização familiar lida com isso? Tratarei dessas famílias na segunda parte deste livro.

A humanidade trilhou muitos caminhos para chegar à família de hoje[1], ainda em processo relacional.

Desejo boa leitura e que sua família cresça junta para a excelência.

> **O primeiro filho é único até que apareça (ou não) outro irmão. Cada filho se sente filho único a seu modo.**
>
> IÇAMI TIBA

Já nas últimas décadas do século XX, aumentava *o número de famílias com* filho único *no mundo.*

---

1 Se você tiver interesse em saber mais sobre as relações que vão gerar a família – do namoro de um futuro casal, até seu casamento – leia meu livro *Família de Alta performance*, da Integrare Editora.

Sumário

Por que escrever sobre família e vencedores? ... **13**

Mas o que é *performance*? **17**

Família de Alta *Performance* com filho único

Filhos únicos no Brasil **27**

Como é a síndrome do filho único **35**

Vantagens e desvantagens
de ser filho único **45**

Por que filho único? **68**

Alta *performance* em família
com filho único **71**

Disciplina é a base da vitória **93**

Filhos e mãe **113**

Família: trabalho e dedicação **120**

Família de alta *performance* com dois ou mais filhos

A formação de uma família 125

Conceitos importantes para
   a família de alta *performance* 142

Conceitos corporativos 150

Ensinando ética ao bebê 188

Enganos dos pais ao educar 190

Desenvolvendo a alta *performance* 217

Sentimentos, pensamentos,
   palavras e ações 221

Notas bibliográficas 229

Sobre Içami Tiba 233

Por que escrever sobre família e vencedores?

As informações evoluíram muito, num mundo da alta tecnologia, em uma rapidez nunca imaginada. Hoje, saber tudo o que acontece no mundo passou a ser um grande desafio, principalmente para quem nasceu no século XX, como nós.

A cada invenção para melhorar nossa vida, porém, criamos novos problemas para os quais temos que buscar soluções novas.

O fato é que no início do novo século, acabamos de viver uma violenta crise que abalou o mundo financeiro e atingiu praticamente todos os países e seus habitantes, cada um de uma maneira diferente. E essa crise foi causada por falhas humanas. Assim como descobertas daqui beneficiam pessoas acolá, os erros de uns atingem muitos outros, no mundo todo. A isso damos o nome de globalização.

> A evolução tecnológica e do conhecimento é enorme hoje. Conhecer essa evolução é fundamental; não se pode ignorá-la.

Por que escrever sobre família e vencedores?

> A civilização, produto da inteligência do homem – de acordo com sua necessidade de sobrevivência – existe para não ficarmos à mercê dos fenômenos da natureza como os outros seres vivos.

Não se pode mais tolerar sofrimentos *por* falta *de* conhecimento.

Pais e filhos

Existe, porém, neste mundo globalizado, uma "revolução silenciosa", que vem atravessando as últimas gerações, e não é nada boa. Antes que assuma proporções irreversíveis, ela exige nossa atenção: *os pais não estão conseguindo educar seus filhos.* Filhos crescem com cuidados materiais, boas escolas, mas sem os mesmos cuidados na formação de valores pessoais, relacionais, profissionais e sociais. É um crescimento a esmo, conforme vontades e caprichos desses filhos, e não uma educação afinada para formar cidadãos com ética e cidadania.

No mundo globalizado, os erros de uns atingem outros, enquanto o progresso de uns beneficia todos.

Os pais não estão conseguindo educar seus filhos.

A família é a única organização grupal que vingou, desde a Antiguidade até hoje. E acredito que os laços familiares é que perpetuam o ser humano e o ajudam a desenvolver uma sobrevivência digna. Assim, devemos melhorar a vida no planeta.

> "Quem se acha sabedor de tudo e parar de aprender, amanhã será ultrapassado por quem continuou aprendendo."
> João Doria Jr.

Por que escrever sobre família e vencedores?

Para isso, é preciso que cada pessoa comece uma mudança de atitude dentro de si para conseguir ser parte de uma *família de alta performance*.

> Não podemos permitir que nossa mente:
>
> a. se acomode à ignorância e ao sofrimento;
> b. absorva o egoísmo e os abusos de poder;
> c. se acomode à escassez e ao sofrimento;
> d. suporte perdas e prejuízos;
> e. desanime diante de obstáculos, julgando-os intransponíveis;
> f. se torne indiferente à desonestidade e à falta de ética;
> g. ignore exclusões e diferenças sociais;
> h. se torne indiferente às transgressões e às injustiças;
> i. duvide das possibilidades de um futuro melhor.

Cada um de nós deve ajudar a construir uma Família de alta performance.

IÇAMI TIBA

A perpetuação do ser está nos laços familiares, como na vida mais primitiva.

Mas o que é *performance*?

Segundo o dicionário Houaiss da Língua Portuguesa, *performance* vem do verbo em inglês *to perform* (alcançar, executar), que vem do francês antigo *parfourmer* (cumprir, acabar, concluir), do francês *former*, que significa formar, dar forma, criar; este, por sua vez, vem do latim *formare* (formar, dar forma).

Esse mesmo dicionário contempla a palavra *performance* em português com o significado de desempenho, proeza, conjunto de índices e ideias, ou mesmo, em linguagem do teatro: espetáculo em que o artista atua com inteira liberdade

---

Performance:
to perform ◄ (inglês) ◄ *parfourmer* (francês antigo) ◄
◄ *former* (francês) ◄ *formare* (latim)

Mas o que é *performance*?

e por conta própria, interpretando papel ou criações de sua própria autoria. Quer dizer: *performance* é algo que exige ótimo desempenho e responsabilidade.

Performance é desempenho?

Além disso, *desempenho* no Dicionário Houaiss significa resgatar, cumprir uma obrigação ou promessa; executar uma tarefa; ação e comportamento conforme eficiência e rendimento e outros significados. É sobre *desempenho* que Max Gehringer escreveu em sua coluna da Revista *Época*.

A palavra desempenho em português talvez seja a que melhor traduza o que *performance* significa em inglês. Ainda assim, sobra a ideia de

> "Quando um funcionário é contratado, ele dá ao empregador a garantia pessoal de que seu trabalho será sempre benfeito. Ao cumprir o que prometeu, o funcionário está se livrando do penhor, ou se "desempenhando".
> Só que aquela garantia inicial nunca termina.
> Ela é renovada automaticamente, todos os dias, enquanto o contrato de trabalho vigorar".
> (MAX GEHRINGER. REVISTA *ÉPOCA*, ed. 551, 8/12/08, p. 144).

IÇAMITIBA

que *performance* é mais que simples desempenho de funções. Então, o que é *performance*?

Uso a palavra *performance* não só como o
desempenho máximo que uma pessoa pode ter –
dando o melhor de si,
com capricho e empe-
nho – mas também pen-
sando no melhor que
podemos fazer para ter-
mos a liberdade e o po-
der de falar tudo o que
nós pensamos.

> Não existe tradução exata em português para PERFORMANCE. A palavra desempenho às vezes não é suficiente. *Performance* é desempenho máximo, é fazer o melhor de si para a família e na vida.

Quem tem boa *per-
formance* não precisa es-
conder suas ações nem
tampouco mentir sobre o
que pensa. *Performance*
é agir com coerência e é
pensar da melhor forma
que pudermos.

Performance é fazer tudo **bem feito** *e não pensar mal* **de ninguém.**

Mas o que é *performance*?

Avaliação da *performance* da família

Como medir a *performance* familiar de maneira global perante a multiplicidade de constituições familiares que existe hoje?

Será que existem muitas famílias de
alta performance?

Pensando nas diferenças de famílias, prefiro sugerir um caminho que facilite a cada família, independentemente de seu modelo, encontrar sua própria *performance*. Não pretendo fazer comparações entre diferentes tipos de família nem estabelecer qual o nível de *performance* que se deva atingir. Pretendo instigar as famílias a pensar o melhor que puderem para atingir a sua *performance* máxima.

Todos nós, como pessoas,
familiares, trabalhadores ou cidadãos
podemos sempre melhorar
nossa performance.

A vida é uma evolução progressiva constante. O melhor de hoje com certeza será superado amanhã, assim como um passado já foi superado. Por isso, parto do pressuposto geral de que cada família tem que funcionar como uma equipe, para que sua *performance* seja excelente. O que importa, para isso, não é só a avaliação alheia – a minha ou a sua – mas também a autoavaliação da própria família.

É claro que a sociedade admira e homenageia as famílias de alta *performance* que se destacam – tais famílias estão nas revistas todos os dias –, mas só elas sentem, na sua intimidade, quais os pontos a melhorar e como adquirir conhecimentos para superar questões ainda não solucionadas, ou como atingir pontos mais altos de satisfação.

Cada família é sempre uma equipe.

A busca de qualidade de vida sempre esteve e continuará presente na intimidade da família. Por isso, o que vou sugerir para as famílias está muito longe de um campeonato esportivo coletivo. Neste, o time se tornará campeão vencendo os outros. E sempre há uma disputa. Uma família, estando satisfeita, já é vencedora. Mas pode

Mas o que é *performance*?

melhorar sempre, e ainda mais, sua *performance*. Todos, numa família melhoram sua *performance* desde que :

a. procurem a superação das suas próprias dificuldades;
b. corrijam seus erros, independentemente de qualquer explicação;
c. assimilem mudanças que sejam progressivas;
d. unam-se para que a equipe melhore sempre;
e. não coloquem a vitória como o auge da conquista;
f. não sintam a derrota como definitiva;
g. cumpram os deveres e reconheçam méritos.

O melhor para uma equipe familiar *será o melhor para o bairro, para o país e* para o planeta.

Deve-se praticar sempre a cidadania familiar *para que todos sejam* cidadãos éticos.

A busca da alta *performance* deve se tornar um hábito familiar, como o é falar a língua nativa. Conseguimos aprender nossa língua ouvindo, como uma criança, estudando, usando a língua no cotidiano sem nenhum esforço pessoal, aprimorando-a sempre pela prática. O mesmo ocorre com a *performance*. É um hábito de todos os dias.

> Para melhorar a vida, é preciso que cada pessoa comece uma mudança de atitude dentro de si mesma.

É por tudo isso que uma família de alta *performance* não deve ter só seguidores, mas sim praticantes *da excelência* no agir e no pensar.

Exercitar a alta performance é como aprender naturalmente a lingua materna.

FAMÍLIA DE ALTA *PERFORMANCE* COM FILHO ÚNICO

Não há pais
que não tenham
tido um filho único.
Mesmo quando
tiveram mais
de um filho, seu
primogênito
foi único até a vinda
do segundo.

Filhos únicos no Brasil

As famílias hoje têm menos filhos que as gerações anteriores. Nos últimos vinte e cinco anos, o número de filhos únicos mais do que duplicou. Ou seja, passa de 20% o número de famílias com filhos únicos.

Nos anos 1990, uma em cada dez mães, no Ocidente, tinha apenas um filho. Hoje, o índice pulou para uma em cada três. Como se vê, este fenômeno é mundial. Na China, a lei permite que haja só um filho, é ilegal ter dois. Como o sistema é patriarcal, as crianças do sexo feminino são rejeitadas, abandonadas ou abortadas. A China paga hoje um alto preço

> No Brasil, a quantidade de filhos que nasce por família entre 3 e 5 salários mínimos de renda, passa hoje de 1,3 filhos como média brasileira. Acima de cinco salários, a média era de 1,1 filhos. No Rio Grande do Sul, reside, até há pouco, a menor taxa (0,8 filho por casal). Ou seja, há muitas famílias com um só filho.

por ter poucas mulheres e muitos homens. Diminuiu o número de casamentos e há muitos homens solteiros.

> O número de filhos únicos na China superou os 100 milhões desde a introdução, no final dos anos 1970, da política que só permite um nascimento por família, informa o jornal *China Daily*.

Irmãos podem ser filhos únicos

"Filhos únicos" não são exclusivamente os únicos filhos, resultantes de um único parto da mãe. Há pais que *lidam* com seus filhos como se fossem *únicos*, como se estes não tivessem irmãos. Mesmo os pais que têm mais de um filho, tiveram no primogênito um filho único até a vinda do segundo filho.

> Numa família de vários filhos, cada um, às vezes, é tratado como filho único.

IÇAMITIBA

Um filho caçula, que seja temporão, também entra na categoria de filho único quando os mais velhos formam um grupo funcional que não o inclui, ou os pais o tratam de maneira muito diferente da dos outros filhos mais velhos.

Casais com filhos que se separam, e depois se casam com outros descasados com filhos, podem ter um filho que funcione como único, mesmo não o sendo. Casais que tenham um filho caçula já bem independente (geralmente com mais de 5 anos), que não dá mais trabalho para as principais funções do dia a dia, como tomar banho, comer, dormir, brincar, quando recebem um novo bebê, podem fazer deste um filho único.

> Passa por filho único:
>
> **a.** o filho temporão;
> **b.** o filho de um segundo casamento dos pais, com seus meio-irmãos;
> **c.** o filho mais velho por muitos anos, até a chegada de irmãos.

Se há irmã mais velha, ela até pode "adotar" o filho único, isto é, em vez de ficar com ciúme e competir com o recém-nascido, passa a ajudar os pais a cuidarem dele. É a *irmãe*. Se ninguém for prejudicado com a nova função, esta é uma família de alta *performance*.

> **Irmãe** é a irmã mais velha que acaba cuidando de irmãos nascidos anos depois. Este modelo pode ser positivo.

No caso de o filho mais velho ser um menino, ele pode não competir com o caçula, mas dificilmente vai "adotá--lo". Satisfaz sua curiosidade com o irmão, porém vai logo embora para as atividades que mais lhe interessam. Portanto, não deixará de brigar com o caçula quando este o incomodar. Como esse é um comportamento, geralmente esperado de um menino, a família nesses termos é também de alta *performance*.

> **Se o mais velho é menino, dificilmente "adota" o irmão como um "filho".**

Irmãos sempre brigam

As briguinhas entre os irmãos mais velhos e os caçulas podem até ser benéficas e positivas, desde que eles não partam para a violência física. Pequenas brigas entre irmãos confirmam que nenhum dos dois é um filho único e funcionam como afirmação da vida social de ambos.

As brigas eliminam a condição de filho único *e levam a criança a* partilhar a vida familiar.

Assim, podemos dizer que ter irmãos é excelente para a desenvoltura social. A criança sente-se pertencente ao subgrupo familiar dos filhos, que são "pares" entre si. Eles brigam porque sentem que podem brigar em igualdade de condições. O irmão menor fica do tamanho do maior quando grita, mesmo quando um adulto vem socorrê-lo dando bronca no maior: "Vai bater no irmão menor?".

Filhos únicos no Brasil

> Irmãos de idades diferentes ficam iguais quando brigam entre si.

Os pais muitas vezes não percebem que a briga pode ter começado pelo menor, ao agredir o mais velho ou pegar suas coisas. Isso é bastante comum entre filhos caçulas tratados como "filhos únicos" pela diferença de idade, de sexo – ou até pelo fato de os pais não planejarem ter mais filhos.

> Casos de irmãos que se sentem filhos únicos:
>
> a. dois irmãos, de sexo diferente e grande diferença de idade, são dois filhos únicos de um mesmo casal;
> b. quando todos os outros irmãos saem de casa para morar fora, e um fica sozinho com os pais, este pode sentir-se filho único;
> c. o irmão que viaja para estudar, passear ou fazer intercâmbio passa a ser mais valorizado que os filhos que ficam. Sua ausência parece a do filho único.

Filho único, sobrinho único e neto único

Quando o filho único vive só com a mãe, constrói--se uma relação fechada entre eles. E isso pode trazer sofrimento futuro, caso se voltem contra o mundo e formem um vínculo tão forte como uma prisão – já que ali não cabem outras pessoas.

Se a mãe de um filho único não estiver sozinha, mesmo que viva com o marido/pai, este pode acabar *expulso* do relacionamento entre ela e o filho, o que o tornará um ser estranho na família. Tais efeitos constroem *muros relacionais*, que isolam uns dos outros: o filho, por ser único; a mãe, porque se aprisiona no relacionamento com o filho único, e o pai, porque não vence as barreiras e acaba sozinho.

> **Mãe sozinha e filho único podem criar um vínculo que exclui outras pessoas.**

> **Algumas famílias de desempenho desastroso constroem muros de relacionamento onde todos são solitários: a mãe, o pai, o filho único.**

Não é raro os pais de um filho único serem também filhos únicos em suas famílias primitivas, o que significa que o filho único tem *avós únicos*. E um filho único, que é também neto único, dificilmente consegue escapar da síndrome do filho único. Ele tem privilégios, e as regalias se multiplicam, mas também há muitas desvantagens: existe uma grande carga emotiva sobre essa criança. E, mesmo que seja neto único somente de uma das famílias primitivas, a vida dele também não será nada fácil. A supervalorização do neto diminui o desempenho positivo das famílias.

Em algumas famílias, há também tios sem filhos, que adotam os sobrinhos como filhos.

> **Os pais, avós, tios, padrinhos precisam educar, aprendendo com as crianças, mas sem perder a autoridade nem sufocar uma criança que seja única na família. A sobrecarga de filho e neto único é, às vezes, desastrosa.**

Quando estes já são filhos únicos, tudo se complica, pois eles carregam sozinhos todos os sonhos, expectativas e frustrações dos seus pais e dos outros adultos "adotivos".

Ser filho, neto e sobrinho único é muita areia para um só caminhãozinho. Deve haver muito cuidado para não se escapar do desempenho natural da família. Uma criança não pode carregar expectativas de tantos adultos.

Como é a síndrome do filho único

Há algumas décadas, ser filho único era considerado uma anomalia familiar. O americano G. Stanley Hall (1844-1924), um dos pais da Psicologia Infantil, chegou a afirmar que "ser filho único é uma doença". A síndrome do filho único define-se como o conjunto dos sinais e sofrimentos existentes nas pessoas envolvidas

Como é a síndrome do filho único

> Há 50 anos, no Brasil, as mulheres tinham, em média, 5,8 filhos. Hoje, a taxa de fecundidade chegou a 1,8 filho. Entre as mulheres com renda maior que cinco salários mínimos, a taxa é ainda menor: apenas 1,1 filho. Nos Estados Unidos, existem hoje estimados 20 milhões de filhos únicos.

nos relacionamentos mãe-filho único, pai-filho único, pais-filho único e/ou seus substitutos.

Na medicina, a palavra síndrome é usada para doenças, mas aqui eu a uso para distúrbios do relacionamento. Quanto mais jovem for o filho único, mais os sinais dessa síndrome são evidentes.

Tal síndrome não é definitiva, e pode ficar mais branda, como consequência do amadurecimento saudável das crianças. Com o desenvolvimento e amadurecimento do filho único, os sofrimentos dos distúrbios de relacionamento tendem a minimizar.

Mas se os distúrbios permanecerem, podem trazer sérias sequelas, inclusive sofrimento nos relacionamentos futuros da maturidade.

Com o crescimento da criança, a **síndrome** *de* filho único **pode ou não se amenizar. Quando isso não ocorre, o** jovem e o adulto **sofrerão em seus relacionamentos pessoais e afetivos.**

O mais adequado é que o filho único se torne, crescendo, mais independente da mãe, e os problemas de relacionamento se amenizem. Pode acontecer também de um filho conseguir romper o relacionamento prejudicial, às vezes de forma súbita – principalmente quando estabelece um novo relacionamento afetivo, já adulto.

Com ajuda externa e muita determinação, os filhos únicos podem se libertar da teia tecida pela superproteção dos pais. Porém, o que em vários casos acontece é a perpetuação dessa síndrome, não mais com os pais, mas com pessoas com quem desenvolvem vínculos amorosos, sejam do sexo oposto ou não.

> **RISCO**
> Para uma pessoa com síndrome de filho único, há sempre um outro com a disposição de completá-la, mantendo viva a dependência nascida na infância.

Como é a síndrome do filho único

É fácil aparecer uma pessoa complementar, que ingressa no lugar da mãe – e que pode ser a esposa. Quando um filho único encontra uma pessoa complementar à sua síndrome, a *performance* dessa nova família já começará prejudicada, pois há um roteiro de relações (filho único-mãe) que não dá lugar ao relacionamento homem-mulher.

> Filho único ▶ mãe ▶ esposa maternal
> Filha única ▶ mãe/pai ▶ marido protetor

Quem é o responsável pela síndrome do filho único?

Os maiores responsáveis por essa síndrome são os próprios pais do filho único, pois este nasceu como qualquer filho. A síndrome é uma consequência da maneira como ele foi criado, protegido, perdoado pelos seus próprios pais ou substitutos. Dessa síndrome sofrem os pais e o filho único juntos. Haverá sempre baixa *performance* nesta família.

IÇAMITIBA

Pais e filhos únicos juntos padecem da síndrome do filho único. A doença é familiar.

É muito natural os pais se concentrarem em atender mais a um filho que a outro por diversos motivos, como doenças físicas, transtornos psicológicos, péssimo rendimento escolar ou afetivo, crises etc. E é comum, nessas condições, os pais apelarem também para a ajuda dos demais filhos.

A síndrome é uma consequência da maneira pela qual o filho é criado, protegido, perdoado pelos seus próprios pais. Haverá sempre baixa performance.

Quando se é mãe e pai de um filho único, todas as energias positivas e negativas, que seriam destinadas a vários filhos, passam a ser direcionadas para um só filho. É como se os pais colocassem todos os ovos em um único cesto. *O cesto torna-se valioso demais*.

Como é a síndrome do filho único

> **FILHOS ÚNICOS**
>
> os pais colocam no cesto um só ovo de expectativas muito valioso. Isso é muito prejudicial a todos numa família.

Esse excesso é o grande diferencial responsável para o surgimento da síndrome do filho único. Os pais de filhos únicos dão carinhos e cuidados ao filho, mesmo que este não precise. Tal excesso mais prejudica que ajuda seu filho a crescer.

Jeito de ser do filho único

O filho único pode ter a propensão a ser frágil, caprichoso, tímido, mimado, tirânico com os seus circundantes e a ter dificuldades de adaptação com seus companheiros; pode ter dificuldade de integração num grupo de sua idade, e reage frequentemente com descontentamento ou rebeldia com relação ao que lhe escapa do controle.

Quando ganha algum apelido, denominação, fama por um tipo de comportamento, esse filho único, muitas vezes aceita essa "identidade" e a eterniza. Se ganha a fama de "mimado", por exemplo, ele poderá ficar mais mimado ainda. É como se ele encontrasse uma espécie de identidade verdadeira na fórmula como é tratado. E isso se entende: ele não tem referências sobre si mesmo além daquela que lhe é dada pelos que estão a seu redor; haverá nesse comportamento, certamente, grande desempenho negativo: baixa *performance*.

Uma das características fundamentais do jeito de ser do filho único é a ausência de relacionamento com seus pares, ou seja com quem tem a mesma idade que ele. O filho único acaba transformando seus pais, que são adultos, em pessoas iguais a ele. E como tem apenas adultos como referência, adquire um linguajar adulto e desenvolve costumes, diversões, vestimentas, interesses, cultura e ideias acima da sua idade real. Acaba se tornando, então, mais parecido com seus pais do que com crianças de sua idade.

Filhos únicos **têm nível intelectual** *acima da média* **porque vivem** *entre adultos.* *Isso é bom?* **De modo geral, não.**

Como é a síndrome do filho único

Tudo isso faz com que o filho único tenha um nível intelectual acima dos seus colegas: ele cresce mais "adultizado" – o que o torna tão diferente de seus colegas de atividade que será rejeitado. Sua *performance*, que poderia ser boa, acaba se perdendo nessa confusão de estados.

Filho único, em geral, é:

- ▶ tímido
- ▶ frágil
- ▶ mimado
- ▶ tirânico
- ▶ descontente
- ▶ rebelde
- ▶ solitário

Filho único, normalmente:

a. absorve a identidade que lhe é atribuída;
b. absorve o jeito de ser e de falar dos adultos;
c. é mais "adultizado" que os seus contemporâneos;
d. será rejeitado pelos colegas.

Filho único adolescente

Filho único é
infantilizado e *adultizado*
ao mesmo tempo.

Por sentir-se *adultizado* (pois convive com adultos) e ao mesmo tempo *infantilizado* (porque é mimado), o filho único tende a ficar isolado e inseguro longe dos seus pais, já que não é plenamente aceito entre seus pares. E é na adolescência que as dificuldades e problemas podem se alterar, adquirir outro peso.

A adolescência *é viver*
um segundo parto: um nascer *da*
família *para* entrar *na* sociedade.

Tudo ficará mais complicado se o filho único continuar com a sua maneira de ser e seu jeito de ter; mas tudo pode melhorar se ele conseguir ver na adolescência as possibilidades da libertação dessa síndrome para buscar identidade própria.

Como é a síndrome do filho único

Tão própria quanto aquela que todos os demais adolescentes buscam ao se enturmar: querer ser original em casa para ser igual a seus amigos.

> Como a adolescência é igualmente difícil para todos, o filho único, ao crescer, precisa:
>
> **a.** libertar-se da condição sufocante, mas respeitando os pais;
> **b.** buscar identidade própria, não a que lhe foi dada pelos parentes;
> **c.** procurar enturmar-se com gente de sua idade e com os valores de sua família;
> **d.** ter atividades compatíveis com sua idade, não com as dos adultos.

As passagens fisiológicas pelas diversas etapas do desenvolvimento biopsicossocial na adolescência (confusão pubertária, onipotência pubertária, estirão, menarca nas garotas e mudança de voz nos garotos) podem ser mais complicadas se o filho único estiver sozinho; mas pode ser facilitada se houver pelo menos um amigo – aquele melhor amigo.

Alguns filhos únicos continuam ligados e submissos (ou, ao contrário: tiranos) *somente* com seus pais, e isso os torna muito solitários e infantis em casa. Porém, estes não escapam da adolescência inevitável. Ela aparecerá sob forma de verdadeiros arroubos inesperados, com explosões de ira e revolta contra os pais.

Mudanças fisiológicas da adolescência de todos nós:

a. confusão pubertária;
b. onipotência pubertária;
c. estirão;
d. menarca nas garotas;
e. mudança de voz nos garotos.

Vantagens e desvantagens de ser filho único

Não há divisão nítida entre as vantagens e as desvantagens, pois o exagero, qualquer que seja, pode ser desvantajoso. Digo "pode ser", pois há alguns exageros que por si mesmo não são desvantajosos, como nos estudos, por exemplo. Porém, ser destacado como o melhor aluno da classe ou da escola pode provocar ira, inveja, admiração, desdém e mais uma infinidade de sentimentos e sensações que acabam prejudicando o relacionamento do jovem.

INTERNET

Filhos únicos usam avidamente a *internet* para encontrar pares, paqueras e *amigos* virtuais. O *tempo* gasto na frente da tela é maior que a média da idade.

Nesses sentimentos e atitudes há arroubos *juvenis* com comportamentos *infantis*. Apesar de querer relacionar-se, o filho único não deve desconsiderar o perigo do desconhecido.

IÇAMI**TIBA**

PARA LEMBRAR

Filhos únicos usam muito a internet em busca de relacionamentos virtuais. Já atendi a um casal de pais que foi surpreendido por seu único filho, de 15 anos de idade. Este lhes pediu que assinassem alguns documentos – porque ele havia programado uma viagem a uma vila no oeste dos Estados Unidos para ficar na casa de um amigo virtual.

Um outro casal foi surpreendido por um jovem estranho dentro do quarto do seu único filho de 12 anos – que conhecera pela internet. Esses pais entraram em pânico, pois o seu filho, que nem amigos tinha, havia dado o endereço e revelado, ingenuamente, sua rotina para uma pessoa de quem se sentiu próximo o suficiente para convidá-lo para sua casa. Esse convidado poderia ser não um amigo, mas um sequestrador, claro.

Convivendo em casa com adultos, é comum que o filho único tenha um computador só seu – antes até de seus colegas da escola. Um dos antigos e grandes problemas do filho único era a solidão por não ter com quem brincar, jogar, brigar. Atualmente, esse tempo é gasto com a internet para conversar, trocar ideias, marcar programas e outras atividades. Há uma comunidade de amigos virtuais.

> Ter um computador para seu próprio uso é bem diferente de ter que dividi-lo com os irmãos. Temos grande vantagem com o avanço tecnológico, mas se a família não souber usá-la a seu favor, pode ser desastroso.

DROGAS

> Filhos únicos usam menos drogas do que os que têm irmãos, mas são mais propensos ao abuso delas. Pode ser porque estão sozinhos, ficam mais tempo em seu quarto.

Uma pesquisa feita por Vallejo Nájera (psiquiatra espanhol, 1926–1990) aponta que filhos únicos usam menos drogas do que os filhos com irmãos, porém começam *mais cedo* a atividade sexual.

Minha experiência clínica diz que, quando começa a usar drogas, um filho único começa antes e fica mais propenso ao abuso delas do que os que têm irmãos. Uma das hipóteses é que ele passe a usar a droga mais precocemente que os outros porque está sozinho. Muitos filhos únicos nem percebem que chegaram ao vício, pois usam as drogas dentro do seu próprio quarto, onde se isolam dos seus pais.

Atendi um adolescente, filho único de 15 anos, que começou a usar maconha e rapidamente passou para doses maiores e mais frequentes. Não houve tempo para baixar o rendimento escolar, pois era excelente aluno, mas seu jeito foi facilmente percebido pelos colegas que comentaram com seus respectivos pais. Um destes entrou em contato com a mãe, que ficou extremamente abalada e surpresa, pois não havia percebido nenhuma alteração comportamental no seu filho.

Vantagens e desvantagens de ser filho único

> Apesar de mimados em casa, os filhos únicos são muito incentivados pelos pais a ter amigos e amigas. Isso facilita contatos sociais, que levam à intimidade nas viagens, festas, encontros. A vida sexual do filho único é precoce.

Pais de filhos únicos buscam sempre amigos e amigas para seus filhos. Assim, se houver um(a) namorado(a), os pais rapidamente o(a) incluem nos programas de fim de semana na casa de campo, na praia, ou em festas. Já se sabe: namorar e transar é só começar.

> Filhos únicos geralmente têm seu próprio quarto, assim ocorre maior privacidade, seja para drogas ou sexo. O que poderia ser vantajoso, torna-se desvantajoso com o mau uso. Baixa *performance*, portanto.

IÇAMITIBA

Busca de conhecimento *é* essecial.

FILHO ÚNICO RENDE BEM NA ESCOLA

Segundo uma pesquisa feita com 360 estudantes da terceira série do ensino médio, entre 15 e 16 anos de idade, numa escola de Porto Alegre, notas entre 9,0 e 10,0 eram obtidas por 17,2% de filhos únicos, 5,6% de primogênitos e 2,9% entre os não primogênitos.

Um dos grandes motivos do bom rendimento escolar dos filhos únicos é que os pais acompanham de perto a sua vida escolar. Assim detectam logo no início qualquer queda de rendimento e tomam as medidas necessárias para que o filho possa manter a produção de que é capaz.

Sabe-se que o nível social, cultural e financeiro dos pais alimenta a busca do conhecimento – grande diferencial em qualquer atividade exercida por qualquer pessoa. Um filho que nasce nesse tipo de família traz do berço uma vantagem que o distingue dos demais. Entretanto, o rendimento escolar do filho único, venha ou não dessa família, pode decrescer por causa de dificuldades psicológicas de relacionamento e adaptação com colegas e professores. Essas dificuldades aparecem em casa até mesmo antes de os filhos únicos frequentarem escolas.

> Filhos únicos:
>
> a. ficam mais na internet em busca de amigos;
> b. drogam-se menos, mas, quando o fazem, é mais pesado;
> c. começam a vida sexual mais cedo, por estímulos de sociabilização;
> d. rendem bem na escola, pois há mais vigilância dos pais.

Problemas de relacionamento do filho único

Existe uma série de dificuldades pessoais que interfere no relacionamento com outras pessoas, sejam os filhos únicos ou não.

Homem é homem, mulher é mulher. Quando juntos, podem formar vários tipos diferentes de relacionamento: conjugal, profissional, fraterno, de amizade etc.

Cada relacionamento adquire características que permitem, ou não, sua continuidade. Para ter sucesso, as relações precisarão preencher vários requisitos, alguns essenciais, outros, nem tanto.

> A construção do relacionamento entre duas pessoas é uma espécie de "terceira entidade". Para dar certo, depende de:
>
> **a.** companheirismo;
> **b.** estilo de vida;
> **c.** confiança;
> **d.** ideologia;
> **e.** prazer;
> **f.** critério de valores;
> **g.** ética;
> **h.** objetivos comuns.

Com isso quero dizer que, quando as relações não têm características como essas, elas podem trazer mais sofrimento que alegrias. E para os filhos únicos, isso pode pesar mais.

Às vezes o relacionamento satisfaz a um, mas deixa o outro descontente.

Vale dizer que conflitos de relacionamento, quando existem, podem trazer mais sofrimentos que satisfações. Incluo aqui algo bastante comum, infelizmente: o relacionamento é bom para apenas uma das pessoas. A outra sofre.

HIPERSOLICITUDE PAIS

Solicitude é o excesso de atenção, de empenho, de interesse e de carinho com alguém. Quando há hipersolicitude dos pais (ou seus substitutos) para com o filho único, ela se torna prejudicial à formação da personalidade da criança ou do adolescente. Para exemplificar, vou comparar o carinho (abstrato) com o leite (concreto) que o filho tem que mamar. Haveria "quatro peitos" abstratos, dois da mãe e dois do pai. Se o filho único for também o único neto, seriam mais dois casais de avós, portanto, se fizermos as contas, haveria doze peitos abstratos a serem oferecidos a ele.

A *hipersolicitude* dos pais
é *prejudicial* à formação
da *personalidade*.

O filho único teria que escolher um entre doze mamilos abstratos para sugar – porque o nenê consegue mamar somente em um mamilo de cada vez. Haveria também doze mãos a lhe fazer carinho e a atender suas vontades.

São mãos demais dispostas a fazer tudo pelo bebê. Por mais que este possa receber mais que um carinho ou brinquedo de cada vez, são carinhos e brinquedos demais, que ele não tem condições de absorver equilibradamente.

> Pais e avós dos dois lados: mãos demais dispostas a fazer tudo pelo bebê. Por mais que se ame a criança, é carinho e brinquedo demais para uma só criança.

> Não devemos oferecer todo o "leite" disponível para o filho único. Ele ficará "obeso" de afeto e solicitude.

O filho único se acostuma com tamanha solicitude e conclui que pode ter tudo o que quiser e quando quiser. Com esse engano, ele cria um "vício" para o qual dificilmente encontrará solução fora de casa. O sofrimento não é menor para os pais, pois eles depositam em um único filho tudo de bom e de ruim que poderia ser distribuído entre muitos filhos. Quanto maior for a vontade de todos de amamentar o filho único, tanto maior será a competição entre os "mamilos".

COMPETIÇÃO DE ADULTOS PARA ATENDER O FILHO ÚNICO

O fato é que todos esses pais, tios avós ignoram que carinho também tem limites. É muito fácil chegarmos à obesidade do carinho, dos brinquedos, dos agrados...
E quanto maior a obesidade, tanto mais o filho único quer aproveitar qualquer oportunidade de comer, mesmo sem fome nem vontade.

Um "adulto único" pode ficar melindrado por não ser escolhido pelo filho único. Qual é o "peito" que o filho único mais suga? Como ficam os outros peitos, "jorrando leite" em abundância? Ninguém vai querer perder a mínima oportunidade de saciar os desejos do filho único.

IÇAMI TIBA

Filhos únicos e mimados não aguentam esperar o horário de mamar, de ter o brinquedo ou de ser atendidos. Querem tudo *na hora*, e não aprendem a suportar a espera, não conhecem a frustração, não respeitam as dificuldades dos outros – pois, quando há qualquer *mínimo* desejo percebido, os adultos saem numa correria e atropelo, loucos para satisfazê-los.

Se mãe ou pai resolvem impor um limite de horário, ou de quantidade às mamadas, outros adultos ficam à espreita, esperando um descuido dos pais para entrarem, gloriosos, com o "leite abundante de seus peitos gigantes". E o pior é que esses adultos fingem não saber nada das regras impostas. Aqui reina a baixa *performance*.

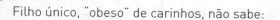

Filho único, "obeso" de carinhos, não sabe:

a. esperar;
b. reconhecer limites;
c. frustrar-se;
d. respeitar os outros;
e. colocar-se no lugar do outro.

EGOÍSMO

A exclusividade distorce a formação do cidadão, aquele que vive entre outros, inserido na sociedade. Ela leva ao egoísmo. O filho único acaba se acostumando a um tratamento tão exclusivo que seus desejos viram lei para seus familiares – o que é muito diferente da vida que ele vai encontrar no mundo.

O egoísmo é uma consequência maligna que de modo geral prejudica relacionamentos futuros dos filhos únicos. É muito difícil, por exemplo, administrar vários filhos únicos numa mesma sala de aula, – pois cada um deles se acha no direito de ser exclusivo.

O egoísmo se acentua quando há vários egoístas na mesma sala de aula. Se há um que cede, começa-se a atender o egoísta, a seguir os demais. Porém, é preciso que se inverta a ordem:

> Conheci uma professora que tinha 9 filhos únicos em sua sala de aula. Ninguém queria sentar atrás de ninguém. Ela, então, colocou as carteiras em círculo. Amenizou a situação da sala, mas lá fora o mundo não está pronto para amenizar tais inadequações de personalidade.

em outra vez, os que ficaram por último serão os primeiros. O exclusivista, porém, quer ser o primeiro sempre, ser o único, o destacado. Porém, esses egoístas costumam ser desprezados pelos seus pares. E isso diminui bastante sua *performance* pessoal.

Falta de pares

A falta de pares iguais ao filho durante o crescimento não oferece a ele as oportunidades que têm os filhos não únicos.

É com seus irmãos que os filhos aprendem a dividir seus pertences, compartilhar emoções, trocar brinquedos, resultando num desenvolvimento saudável do companheirismo. O irmão lhe dá a sensação de não ser único, de pertencer a um grupo, de sua vida ser mais movimentada,

> O filho único acaba distorcendo a sua autoimagem de criança, tornando-se mais "adulto" no vestuário, no vocabulário e nos comportamentos, brincadeiras, preferências musicais e culturais.

seja com competições, brigas e lutas, com mais sonhos e ideias, com acréscimos individuais que vêm de seus pares.

Filho único não aprende a compartilhar emoções e brinquedos com irmãos. E isso seria saudável.

O filho único pode não aprender a se relacionar com seus pares num relacionamento no mesmo nível (horizontal) criança-criança. Pode incorporar somente níveis diferentes (modelo vertical) com adulto-criança, sendo ele o alvo de todas as atenções. É interessante essa contradição: no meio dos adultos, ele é o príncipe alimentando sua autoestima; entre os pares, um excludente-excluído desnutrindo a sua própria auto-

> **Um filho único pode viver grande contradição: é um príncipe entre os adultos e um excludente-excluído entre seus pares.**

estima. Como pode este filho único ter bom desempenho na vida?

Filho único: *nada lhe é*
exigido, tudo lhe é dado.
E o adulto, escolhido
para o satisfazer,
se sente glorioso.

PERDA DA NOÇÃO DE LIMITES: TIRANO

A perda da noção de limites (entre o que pode
ou não fazer) é muito comum com o filho único. Quando quer algum brinquedo, não precisa
pedir: os adultos competem para lhe satisfazer
as vontades.

Há competições entre os pais e parentes que
extrapolam o bom senso, como excesso de carinho, dar-lhe comida na boca, amarrar para o filho
único os cadarços do tênis, fazer suas lições de
casa etc.

Criar um filho único pode ser uma excelente
oportunidade para desenvolver *um tirano* – que
faz das suas vontades a regra dos adultos sem nada
oferecer em troca, nem mesmo gratidão.

> **Um filho tirano é a criança que faz de suas vontades a regra de vida dos adultos, sem nenhuma troca ou gratidão.**

O tirano desconsidera que está abusando de outras pessoas e pensa, acreditando ou não, que atender seu desejo é obrigação de todos os demais. O filho único – vale repetir – usufrui das suas vontades como se fossem direitos, sem arcar com nenhuma responsabilidade.

É impossível conviver saudavelmente com pessoas assim. E quem aceita ser tiranizado erra: também precisa melhorar sua *performance*, seja pai, mãe, tio, avós ou empregados.

Quem tolera pessoas sem limites são seus opostos: pessoas submissas, que aceitam ser tiranizadas.

Filhos únicos sobrecarregados

Há, por outro lado, uma sobrecarga de cuidados e atenção, de expectativas e exigências, de solidão, de brinquedos e de temores que pode tornar a vida do filho único insuportável.

> Tudo o que for excesso não aproveitado torna-se praga, pois atrapalha e não ajuda. Tanto o exagero quanto a escassez são extremos que prejudicam, por mais que o conteúdo possa ser bom ao organismo.

É como a comida (e tudo o mais que chega ao filho único). Em quantidades adequadas, o filho único pode aproveitar os nutrientes, em excesso engorda. Aprender a comer bem faz parte da educação de todos os filhos – em quantidade e qualidade adequadas. Porém, o filho único tem tudo a seu dispor, e este é um caminho curto para todo o excesso que sobrecarrega a vida. Se a família atuar dessa forma, não haverá alta *performance*.

Comida em excesso causa obesidade; em escassez, causa enfraquecimento.

Vantagens e desvantagens de ser filho único

AS SEIS PRAGAS

Há excessos que se cometem com filhos únicos e sobre os quais vale a pena refletir:

a. a obesidade é uma praga do comer mal e demais;
b. o mimo pode ser a praga dos cuidados excessivos;
c. a autocobrança é a praga das severas exigências dos pais;
d. a insegurança é a praga das desmedidas expectativas dos adultos;
e. a timidez é a praga de ter que fazer sempre o certo e o adequado;
f. o medo é a praga dos injustificados temores dos que o cercam.

Filhos únicos podem oscilar muito de humor, mas isso não é natural.

OSCILAÇÕES DE HUMOR

Os filhos únicos podem ficar impacientes, pouco tolerantes à frustração, irritáveis, de humor instável, com explosões de alegria e mágoas profundas e rápida mudança de humor. Esses sintomas são tão frequentes que parecem naturais. Mas não são: os filhos devem amadurecer e ficar mais saudáveis.

A pessoa que não tiver uma base interna que lhe dê uma sustentação emocional fica sujeita às oscilações externas. E o filho único é mais sujeito a isso.

Um filho único está mais vulnerável a oscilações externas porque a ele sempre chegam agrados dos adultos para compensar as frustrações.

Uma parte da autoestima desenvolvida vem de fora para dentro, do amor dos pais ao filho que nasce. Essa é a parte que os adultos podem preencher. Porém, com o desenvolvimento, o ser humano precisa sentir que é capaz de realizar

> **PARA LEMBRAR**
>
> Cada ser humano sabe das suas próprias falhas que não compartilha com ninguém. Muito menos um filho único. Ocasionalmente ele é atacado por essa frustração, então fica de mau humor. Mas logo surge uma novidade, e ele vibra qual uma criança inocente. Esta destemperança de humor baixa a *performance* de qualquer pessoa.

algo, mostrar resultados e avaliar sua competência real. *Sua autoestima se alimenta das próprias realizações.*

UM SER MADURO:

a. realiza coisas;
b. conhece seus limites;
c. mostra os resultados das realizações;
d. autoavalia sua competência real para a vida.

SOLIDÃO DO FILHO ÚNICO

FILHOS ÚNICOS E SOLIDÃO:

Ela é muito frequente e existe porque ele não tem companheiros com quem partilhar o tempo que passa em casa.

A solidão é muito frequente nos filhos únicos. Atividades solitárias ou a presença de adultos não compensam a falta de outras crianças. Por mais que a mãe ou o pai brinquem *como* crianças, o filho único *sabe* que se trata de um adulto.

A *solidão* em filhos únicos é muito comum.

O lúdico compartilhado – correr, pegar, rolar no chão, chutar uma bola para atingir o outro, apostar, medir, comparar, competir, negociar, trocar segredos, enganar, mentir, convencer, driblar, ficar de mal, fazer birra etc. – é insubstituível, educativo e não se pode praticar sozinho. Muitas são as ações sociais que situam

> **BRINCAR:**
>
> Pai e mãe não são crianças, mesmo tentando brincar como tais. O filho sabe que brinca com um adulto.

o filho único no mundo, para além da família.

> Não há nada como um *feedback* vivo para sinalizar ao filho se está ou não no caminho certo, e isso ocorre quando este:
>
> **a.** recebe críticas;
> **b.** recebe convites;
> **c.** é convocado para participar de algo;
> **d.** conversa com outros da mesma idade.

A sua solidão, porém, pode ainda piorar pelo excesso de proteção dos pais, temerosos dos perigos. Ao dificultar saídas com amigos, programas da escola, prendem o filho numa *gaiola de ouro*. E ele sente que não tem as coisas de que precisa, mesmo que seus pais lhe deem tudo.

Para a *alta performance* **de um filho,** *ouro é bom,* **mas** *gaiola, não.*

Por que filho único?

Há pais que acabam ficando com um filho único pela perda de outros filhos. Outros pais, por problemas médicos que os impedem de ter uma segunda gravidez.

Trágicos acidentes de carro, incêndios e enchentes podem acabar com famílias inteiras. Mas, quando permanece viva uma criança, ela pode ser adotada por parentes ou amigos. Essa criança órfã acaba recebendo cuidados de filho único, quando os adotadores têm filhos com mais idade que ela.

IÇAMITIBA

Ninguém faz essas escolhas. Elas vêm, em geral, das grandes fatalidades da vida.

Há, por sua vez, pais que demonstram claramente sua preferência por um dos filhos, elevando-o à categoria de filho único, mesmo em detrimento dos outros. Apesar de esse tipo de relacionamento ser trágico, atendi um rapaz que dizia com bom humor "tenho um irmão que é filho único". Geralmente esse tipo de filho único fica constrangido quando os pais maltratam seus irmãos.

Cada filho é um ser único, e suas características não podem ser negadas, mas em famílias de alta *performance* não cabem preferências nem rejeições que causem prejuízos, mal-estar e conflitos.

PAIS ESCOLHEM TER FILHO ÚNICO

A escolha pelo filho único ocorre por diversas razões:

a. Depois de terem um filho, os pais perdem a coragem de ter outro por

> Uma família da classe média gastaria com os estudos de um filho, em 2009, do berçário até a faculdade, cerca de R$ 400 mil.

acharem que não suportarão o *stress* de criar dois filhos.

b. O casal decide ter um filho só para lhe dar tudo o que pode. Outro filho pesaria muito no orçamento financeiro familiar.

c. Quando a renda do casal supera 5 salários mínimos, já favorece o "aparecimento" do filho único.

d. Mulheres com mais de 11 anos de estudo decidem sobre o número de filhos que querem ter. E estas têm mais filhos únicos que mulheres com menos escolaridade.

e. Mulheres com mais de 35 anos, consideradas mães idosas, correm riscos de o feto apresentar problemas genéticos, síndrome de Down e outros males; por isso, na maioria dos casos, optam por um só filho.

RENDA MAIS BAIXA

Mesmo com renda mais baixa, há vários casais com filhos únicos. Sobrevivem com muita economia, gastando o mínimo e trabalhando o máximo. São pais espartanos, com filho único do tipo "folgado".

IÇAMITIBA

> ### A MULHER COM MAIS DE 35
>
> O conteúdo genético e a resistência física da mulher chamada "primípara idosa" já não são tão saudáveis como antes – corre-se o risco de desencadear diabetes ou hipertensão entre outras doenças. Por isso, há em geral, opção pelo filho único, que acalma o *furor* da mulher pela ansiedade de ser mãe.

Alta *performance* em família com filho único

Famílias com baixa performance *não têm* muito como *exigir boa* performance *dos filhos – sejam filhos únicos ou não.*

A vida com um filho único não é fácil. Tem suas peculiaridades, vantagens e desvantagens, que precisam ser conhecidas. E, como sempre digo, ter bons conhecimentos educacionais para criar os filhos, únicos ou não, melhora muito a *performance* familiar.

Cada vez que algum membro da família apresenta baixo desempenho pessoal, a família de alta *performance* está sendo prejudicada. E muitas ações dos filhos únicos provêm dos seus próprios pais. Um mau comportamento do filho único pode revelar falhas educativas dos pais. Mas pode ser tomado como ponto de partida para os pais melhorarem sua *performance*.

FILHO ÚNICO NÃO É ANOMALIA

Ser filho único não é ter uma anomalia, um defeito, ou ter uma doença, como se considerava tempos atrás. Filho único também pode errar, mas o seu erro deve ser corrigido, pois não é errando que se aprende, e sim, corrigindo o erro. Para o erro ser corrigido, é preciso que seja identificado por pais e filhos e compreendido por eles.

Certas famílias precisam de ajuda mais

> Para os filhos vencerem na vida, precisam de uma boa formação, o suficiente para atender a qualquer preparador físico ou técnico para uma competição, um superior numa organização empresarial, um patrão cobrando resultados e/ou enfrentar uma doença grave.

IÇAMITIBA

terapêutica para entender que o que sobrecarrega o filho é o excesso: elas acreditam que, quanto mais derem amor, proteção, carinho, permissão para fazer tudo o que ele quiser, melhor será. E algumas famílias até compreendem os problemas, mas não conseguem corrigi-los.

> Não é errando que se aprende, e sim, corrigindo o erro.

Há muitas famílias bem-sucedidas com filhos únicos, pois souberam reconhecer erros e buscar atitudes corretivas. Outras, precisaram de mais esforço, porque julgavam certa a sobrecarga de afeto e de exigências sobre o filho. Há outras ainda que não conseguem livrar-se da síndrome, que as afasta da alta *performance* familiar.

> Procuro transmitir neste livro o que eu aprendi atendendo famílias com filhos únicos. E muitas delas deixaram de conviver com a síndrome. Para algumas famílias, bastava o reconhecimento dos erros e a busca de atitudes corretivas.

Apesar de cada família ter suas próprias

características funcionais, consegui reunir alguns procedimentos básicos que podem ser adequados às situações para melhorar o relacionamento e o desempenho de todos

FILHO ÚNICO TEM DE DORMIR SOZINHO

O filho precisa aprender a dormir sozinho, e no berço, desde bebê. Quanto mais tempo ele for poupado desse aprendizado e dormir na cama dos pais, tanto maior será o sofrimento depois. A *performance* de sono da criança que dorme nos braços e acorda no berço é ruim, pois ela exige colo – que se torna seu local de dormir. Dormir no colo tem de ser exceção. Se dormir umas poucas vezes no colo, a criança se acostuma e passa a reclamar quando colocada no berço.

Crianças que acordam várias vezes à noite perturbam sua fisiologia neurobiológica de produção da melatonina, que ajuda no seu crescimento. Elas acabam trocando o dia pela noite, num sono que não é tão reparador quanto o noturno. E se acostumam a *escravizar* um adulto toda vez que tiverem sono, exigindo colo. Dificilmente a vida conjugal dos pais será mantida quando a criança não dorme sozinha.

IÇAMITIBA

> **PARA LEMBRAR**
>
> Crianças que dormem sozinhas têm uma boa qualidade de sono, o que ajuda na sua *performance* diária.

Da pré-puberdade em diante (9-10 anos), os filhos terão de dormir sozinhos tanto pelos próprios hormônios sexuais, que estão chegando, quanto pela vida social que começa a existir. Filhos únicos precisam adquirir esse costume para poder frequentar a casa de amigos, viajar com a escola etc.

SE NÃO QUISER COMER, QUE NÃO COMA NADA

Se um filho não quiser comer na hora da refeição, que não coma. Os pais que não fiquem enganando, brincando de aviãozinho, prometendo presentes. Ele tem que aprender que comer é uma necessidade, e não uma obrigação dos pais – e muito menos uma arma apontada contra eles. Se não comer com a família, na hora certa, não se deve dar comida a ele de maneira nenhuma até a próxima refeição. Ninguém morre de fome onde há comida.

Mais que comer, o importante é, queira ele ou não, sentar-se à mesa e permanecer sentado durante a refeição dos pais, mesmo sem comer, para simplesmente bater papo. É hora da convivência, é a *happy hour*.

o *melhor tempero* da comida continua sendo a fome.

Se conhecer a fome, o filho conhece a saciedade. Quem nunca sentiu fome não aprende a se organizar para as refeições e vive comendo a toda hora. Por maior que seja a fome, não se pode dar uma bolacha ou qualquer sanduichinho antes da refeição. A "fome" às vezes é apenas o mau costume de não aguentar esperar.

Quem não suporta uma fome passageira não desenvolve a importante capacidade de suportar e superar pequenas frustrações do cotidiano. É essencial para a alta *performance* que a pessoa suporte frustrações.

ENSINOU? EXIJA QUE
PRATIQUE O QUE APRENDEU!

Depois que os pais ensinarem uma regra ao filho, devem perguntar se ele a entendeu e pedir que ele lhes explique com as palavras dele.

> **ENSINO:**
>
> **a.** a maneira de transformar uma informação em conhecimento é pedir ao filho que a repita com suas próprias palavras;
> **b.** os pais não devem explicar toda hora a mesma regra.

O conhecimento adquirido requer prática para sua consolidação.

O filho, seja único ou não, tem que fazer suas obrigações, e os pais devem exigir que o faça. O filho não pode fazer outra atividade – comer, beber, dormir, fazer xixi etc. – enquanto não fizer o que precisa fazer, mesmo que se tenha de usar de força física para colocá-lo de volta no "local do trabalho".

Normalmente o filho acaba fazendo a obrigação rapidamente para se ver livre. O importante é que

> **Cada vez que o filho cumprir sua tarefa, ele estará praticando as regras da alta *performance* para benefício próprio.**

faça (ação) e não venha com explicações, desculpas e justificativas (conversas no lugar da ação).

A alta *performance* do filho começa quando os pais não mais precisam cobrar dele o que é preciso. Isso aumenta sua competência e melhora a sua autoestima.

A COERÊNCIA ENTRE OS PAIS

O casal de pais tem que combinar coerência entre si. Há situações de incoerência que deseducam os filhos, principalmente o filho único.

A incoerência entre os pais é a brecha que o filho único usa como arma para conseguir o que quer. É como um carro com duplo comando de direção. Ou os motoris-

> **DESACORDO ENTRE OS PAIS:**
>
> "Antigamente papai não deixava, a mamãe deixava, a gente fazia escondido..."

tas entram em acordo ou não chegarão a lugar nenhum.

Por exemplo: pai bagunceiro, que não se incomoda em viver na bagunça, perturba a mãe ordeira. Em nome do filho, ambos terão que chegar a um acordo. O pior é que a mãe acaba chamando o pai de bagunceiro, e o pai chama a mãe de chata. O filho perde o respeito pelos dois, e sem respeito não se consegue uma boa educação.

Sem o *respeito* **dos** *filhos,*
não se *consegue* **uma**
boa educação.

Se o casal tivesse mais filhos, o conflito seria generalizado e dividido por todos. Mas, quando tudo se concentra no filho único, ele tira vantagens imediatas e joga um dos pais contra o outro. Numa escola, onde se exige disciplina e cooperação de todos os alunos, pode ser que o filho aprenda a trabalhar em ordem, a respeitar as vontades de sua equipe de trabalho.

Não há *alta performance*
sem *líderes coerentes.*

REGRAS TÊM QUE SER CONSTANTES

Os pais devem praticar a constância. Um dia pode, outro dia, não, ou um sim que se transforma em não e vice-versa prejudicam muito o estabelecimento de valores na formação da personalidade do filho.

Mesmo que os pais estejam alegres, não devem permitir que o filho faça o que nunca antes foi permitido; nem na presença de visitas, parentes, seja lá quem for, a regra tem que valer sempre. Nem avós nem tias têm permissão para quebrar as regras, sob risco de levar bronca na frente do filho.

Conselho aos pais:

a. não permitam que os filhos se excedam na presença de visitas;
b. não permitam que as visitas ou parentes deseduquem seus filhos;
c. não aceitem argumentos de que em outros lugares a criança "pode".
d. sejam tolerantes só para pequenas violações de regras;
e. ensinem aos filhos as consequências de seus atos.

Como as crianças "esquecem" regras quando recebem amigos e primos, ou vão passear juntos, os pais podem interferir somente em casos extremos de perigo, agressividade, violência, chutes, ou quando forem chamados. Até os filhos incorporarem as regras e realmente as praticarem, uma pequena tolerância não os deseducará.

Mas a exceção não pode virar regra. Os pais não devem aceitar argumentos como *"na casa da vovó pode"* e deixar de cumprir as regras na própria casa.

Como pode ter alta eficiência e desempenho na vida quem não mantém constância nas suas realizações?

EDUCAR É ASSUMIR AS CONSEQUÊNCIAS

Os pais têm que ensinar o filho a assumir as consequências dos seus atos. Se um filho não sabia que não podia fazer, os pais têm que ensiná-lo e já comunicar as consequências. Se o filho já sabia, e mesmo assim errou, está na hora de cobrar dele.

> Assumindo as consequências:
>
> 1. não guardou o brinquedo? Perde o brinquedo;
> 2. não escovou os dentes? Não pode ir dormir nem ver televisão;
> 3. foi deitar escondido? Vai ter de levantar-se para escovar os dentes;
> 4. escovou os dentes? Então pode fazer o que quiser àquela hora do dia.

Não confundam consequências *com* castigo. **Consequências são produtos da** responsabilidade.

A existência das consequências depende muito mais do filho que cumpre ou não cumpre o seu dever. Se o cumprir, nada lhe acontece. Se não cumprir, haverá consequências. Consequências despertam a cidadania nas pessoas; isto é, deve-se fazer o que tem que ser feito, mesmo que os pais não estejam presentes. Esse é o desenvolvimento do dever. Quem cumpre os seus deveres tem alta *performance* na vida.

A REGRA É DURA PARA QUEM É MOLE

Estas medidas parecem duras demais? São, sim, mas nem tanto. Para os filhos vencerem na vida, precisam de uma boa formação, como se obedecessem ao preparador físico ou ao técnico para uma competição. É o mesmo que atender um superior numa organização empresarial ou um patrão que cobra resultados.

A formação não vem de repente, nem se adquire de graça. É a força de superação forjada pela educação.

E as regras são duras para as pessoas que são moles. Quem vê o sucesso dos outros pode achar muito fácil conseguir o mesmo resultado porque não contabiliza os sacrifícios, as festas a que essas

> **Formação não vem de repente.**
> **Foi com um treino intensivo,**
> **de cinco horas por dia, nos sete dias da**
> **semana, durante vários anos, que Michael**
> **Phelps obteve oito medalhas de ouro nos**
> **Jogos Olímpicos de Pequim de 2008,**
> **consagrando-se assim o maior atleta**
> **olímpico de todos os tempos.**

pessoas deixaram de ir, a disciplina rígida, o controle alimentar e o do sono etc.

Ninguém pode fazer pelo filho esse trabalho. É o filho que tem que tirar de dentro de si força, determinação e disciplina. Ninguém produz o máximo fazendo o mínimo. A alta *performance* pessoal tem que ser desenvolvida todos os dias.

SÓ CASTIGOS NÃO EDUCAM

Castigo não educa uma criança. O que educa são as consequências de seus atos. Não confunda um com o outro. O princípio da consequência, como já expliquei, serve para que a pessoa identifique o erro e o corrija – e assim aprenda a não errar mais.

QUALQUER TAREFA TEM PRAZO PARA EXECUÇÃO

Toda ordem tem prazo para execução. Não há trabalhos, tarefas, ordens e pedidos que não tenham prazo para execução. Refiro-me ao tempo necessário para terminar o que foi combinado.

IÇAMITIBA

> **1.** Quando certos rapazes queimaram mendigos ou índios *"por farra"*, eles não deveriam simplesmente ser presos. Deveriam trabalhar em hospitais, no setor de queimados para fazer curativos. Assim eles perceberiam o mal que causaram. Uma pessoa que ouça os gritos de dor de um queimado não vai querer se divertir queimando outro ser vivo.
>
> **2.** Adolescente não deve pagar uma cesta básica "com o dinheiro do pai", por ter cometido uma transgressão, ter pichado um orelhão. Mil vezes melhor é que o jovem lave ou repinte o orelhão, pois ele aprende o trabalho que dá refazer o que ele estragou.

Geralmente os filhos únicos têm muitas iniciativas, mas não a levam adiante. Começam alguma atividade – curso, esporte, estudo – e a largam no meio para começar outra... Deve-se exigir do filho que termine o que começou para desenvolver sua *performance* – principalmente se for filho único. Essa cobrança deve ser uma prática constante até o filho incorporar o sentido de missão cumprida. Cumprir prazos é um dos pilares do bom desempenho.

UM, DOIS, TRÊS

Quando a mãe, ou pai, está ensinando um filho a guardar o brinquedo, que ele mesmo tirou da caixa, é necessário praticar:

> **1.** No começo, ajudado pelo prazo dado concretamente: "Vou contar até três" é um bom prazo. "Se eu chegar ao número 3, eu vou pegar o brinquedo e dar a alguma criança que necessite mais que você."
>
> **2.** Nesse momento, a mãe já começa a contar em voz alta e firme. O filho tem que terminar imediatamente o que começou, isto é, para terminar a brincadeira ele tem que guardar o brinquedo.
>
> **3.** Se a mãe chegar ao três e não cumprir o que disse, ela estará sabotando sua própria autoridade educativa e perdendo sua *performance*.

REGRAS PARA O FILHO ÚNICO: SEM PALPITES

Quando estiver aplicando alguma regra combinada, não aceite interferências de terceiros —

empregadas, avós, visitas, padrinhos —, pois querer bem ao filho único não é fazer por ele, mas confirmar que ele seja capaz de fazer. Cada adulto tem seu ponto fraco. Quando atingido, permite que se caia no jogo do filho: um pedido carinhoso, choro, grito, insistência, manha, tristeza, promessas de melhora de conduta etc.

Filhos **são muito** *espertos:* **acertam** *nossos* *pontos fracos*, **fingem-se** **de perfeitos até conseguirem** *o que querem*. **Não os deixemos** **agir assim. É a** *brecha* **para a** *delinquência*.

SE BATER RESOLVESSE...

Bater em filho nunca resolve o problema. Bater é perda do controle emocional no lugar da razão. Violência gera violência, além de não educar. Quando apanha, uma criança pode desenvolver revolta e sentimento de vingança.

O ditado "quem não aprende com amor vai aprender com a dor" pode ter várias interpretações.

Essa dor é a futura, a dor de sofrer na vida, de se arrepender por não ter estudado, de não conseguir o que desejou, de ter péssima qualidade de vida, de não ter competências e conhecimentos mais elaborados, do arrependimento, enfim, de ter tão baixa *performance*.

Uma criança de 2 anos aprende muito mais se a mãe sair magoada do local onde ambas estão. Se a mãe for embora, a criança pode se sentir culpada e pedir que volte. Nesse caso, a mãe não deve voltar enquanto não se passarem alguns minutos. Porque é importante que a criança sinta a falta da mãe – mas não se acostume com a ausência dela. Quando ela se acostuma, as consequências já não mais funcionam. Boa *performance* não se atinge com pancadarias.

VIOLÊNCIA GERA VIOLÊNCIA

Atendi uma mãe que, cada vez que batia no filho, apanhava de volta. E ele tinha 2 anos. Como será quando ele tiver 18 anos?

NÃO GRITE! EU ESCUTO BEM

Quando um filho gritar com a mãe, esta deveria se retirar e ir para um lugar fora do alcance dos olhos e da voz dele. Quando ela voltar, deve perguntar ao filho "Por que mamãe foi embora?". Com a resposta, espera-se a responsabilidade dele. E então ela poderia acrescentar: "... todas as vezes que você gritar, eu vou sair de perto de você". Porque só dizer não basta, precisamos mostrar.

Entretanto, é comum a mãe perder autoridade pelo desgaste da convivência e pela intimidade abusiva que se cria, além de ela temer ser dura demais e traumatizar a criança, seu filho único.

> *"Filho, ouça: todas as vezes que você gritar, eu saio de perto de você".*

Numa praça de alimentação num shopping, ao meu lado estava uma criança que gritava muito e não obedecia a ninguém. Incomodava a todos. Aguardei a criança gritar e lhe fiz um *chiii!* com o dedo nos lábios pedindo silêncio. A criança, que devia ter 3 anos de idade, olhou para mim assustada e ficou quieta. Então, eu disse: "Não precisa gritar porque todos nós ouvimos bem". A paz voltou aos comensais. Nesse caso, o santo de casa não fez o milagre.

Família de alta performance *e* gritaria não **combinam.**

CAMPANHA DA BOA IMAGEM

Filho único fica um amor quando quer alguma coisa dos pais. É a campanha da boa imagem, que acaba assim que ele consegue o que quer. Ter mérito é mais trabalhoso, elaborado, demorado e medido pelo resultado. Muitos pais desconfiam dessa boa imagem, mas ela já serve (como qualquer outra desculpa serviria) para que os pais cedam e agradem ao filho único, mesmo que ele não mereça. Na realidade, os

> A técnica mais usada pelos filhos é a campanha da boa imagem. De repente o filho passa a ser o modelo que os pais sempre sonharam ter. Faz exatamente tudo o que sempre lhe foi pedido até conseguir o que quer. Depois volta ao que sempre foi.

IÇAMI TIBA

pais também estão usando a boa imagem para satisfazer *sua* vontade de pais únicos.

Muito cuidado:
Quem cai em chantagens
percebe que vai ganhar algo com elas.

Adolescentes que usam drogas e são surpreendidos pelos pais geralmente perdem liberdade, confiança, ficam em casa, não veem mais os amigos, não fazem mais programas até a confiança voltar. Nesses casos, o que impressiona é a campanha da boa imagem. Aceitam tudo, não reclamam de nada, acham justas as medidas tomadas pelos pais, agradecem-lhes pela interferência e prometem não usar mais drogas. Tudo muito razoável, muito bonito, a não ser por um pequenino detalhe: continuam usando drogas, mas agora com um cuidado muito maior.

> Filho que usa a campanha da boa imagem deve estar pensando: "Agora vou agradar a esses trouxas, depois volto a fazer tudo o que quero!".

O COMBINADO É O COMBINADO

Escovar os dentes, guardar brinquedos, não gritar com ninguém, fazer lição de casa, deixar em ordem o que foi usado – e outras obrigações do dia a dia – devem ser previamente combinadas com o filho único, incluindo quais as consequências se as regras forem descumpridas.

> *Filhos poupados são menos competentes do que os que já se viram sozinhos. E a vida profissional exigirá muito desse filho.*

Em geral, os pais procuram poupar os filhos dos compromissos. Mas o preparo para a vida exige o máximo dos filhos. E a vida corporativa exige uma visão de 360 graus. Cumprir tarefas é o mínimo que se pede, mas o filho pode fazer muito mais.

As empresas hoje estão trabalhando naquilo que as pessoas vão precisar no futuro – elas anteveem o que nem sabem que lhes será essencial, como o telefone celular, por exemplo, que surgiu há poucos anos – sem o qual se torna difícil viver. Tal empenho em relação ao futuro deve ser muito maior com os filhos únicos, pois estes têm mais tendência ao ócio.

Filhos únicos **têm mais tendência à** *ociosidade.* **Mas a** *vida* **não quer nem saber se ele é filho único ou não.** *Quer desempenho.*

A sociedade, porém, não está preocupada se o cidadão é filho único ou não, quer resultados. Assim, aquele que, além de cumprir o combinado, oferece mais do que lhe foi pedido, consegue melhor *performance*.

Disciplina é a base da vitória

Os pais para chegar aonde estão precisaram de disciplina. E disciplina não traz mais o ranço do autoritarismo, da obediência cega às ordens dos "superiores", como na geração dos avós e bisavós. Disciplina é uma qualidade construída na vida, fundamental para se atingir qualquer vitória, pois é a força da atitude necessária para conseguir a realização.

Vitória = superação de obstáculos que depende de cada um.

a. a vitória é uma superação dos obstáculos interno (em primeiro lugar) e externo (em segundo);

b. superar obstáculos depende de cada um individualmente;

c. o verdadeiro vitorioso reconhece, respeita e valoriza o adversário (obstáculo) vencido, pois poderia ser ele o vencido;

d. ganhar e perder fazem parte da vida;

e. o que mantém a vitória é continuar treinando, inovando, aprendendo e praticando;

f. o sucesso não depende de quem o quer, pois ele é o reconhecimento dos outros sobre a sua vitória;

g. o sucesso é efêmero e passageiro, apesar de alimentar muito a autoestima;

h. quem corre atrás do sucesso ou vive em razão dele sofre desgaste de sua força, que deveria ser aplicada para conseguir a vitória pessoal;

i. disciplina encaminha a pessoa para a vitória que chama a si o sucesso;

j. disciplina é um dos mais fortes ingredientes da alta performance.

Quem apresenta alta performance chama o sucesso para si.

FILHO ÚNICO QUER SUCESSO SEM LUTAR

O filho único fica muito acostumado a ganhar tudo sem mérito, sem nenhum esforço, já que os seus pais fazem por ele tudo o que puderem. Na escola, com seus coleguinhas, ele percebe que nada lhe vem de graça, diferentemente de casa.

É preciso um bom trabalho escolar para o filho único integrar-se com seus pares. Quanto menor for a síndrome, maior será a sua capacidade de adequação e adaptação à escola.

Muitos problemas do filho único provêm dos seus pais, que tudo fazem para que ele tenha destaque diante de seus coleguinhas.

O sucesso dos pais não garante a felicidade do filho único na sua escola perante os coleguinhas. Entre os pares, vai valer o que cada um tiver dentro de si para usar em benefício de todos.

O querer aparecer rouba energias necessárias para conseguir vitórias. Quer dizer, o

> *Status* não vem imposto por fora, nem por quem o quer, mas é atribuído pelos outros, assim como o sucesso.

aluno gasta mais para aparecer do que para vencer. Se o filho único vaidoso soubesse que o que lhe traz fama são as vitórias, e não apenas correr atrás dela, ele teria mais disciplina e foco para atingir seus objetivos.

DESTEMPEROS EMOCIONAIS SÃO PREJUDICIAIS

Filho único com alta *performance*:

a. filho único tem de ir dormir sozinho na cama;
b. se não quiser comer a comida, que não coma nada;
c. tem de praticar o que os pais ensinaram;
d. tem de assumir as consequências de seus atos;
e. tem prazo para executar tarefas;
f. não pode gritar com os pais;
g. tem de obedecer ao combinado;
h. tem de aceitar receber um não;
i. tem de saber que chantagem não resolve;
j. percebe e respeita a coerência entre os pais.

Agressões como chutar, socar, morder e cuspir ninguém merece! Assim também os filhos não

IÇAMITIBA

> Pais de filhos únicos com alta *performance*:
>
> **a.** os pais têm de ter coerência na educação;
> **b.** um só "não" tem de ser suficiente;
> **c.** não aceitar birra nem chantagem;
> **d.** não permitir que o centro da família seja a criança;
> **e.** não admitir ser interrompido pelo filho;
> **f.** jamais comprar se o filho exige;
> **g.** jamais permitir conversas aos gritos ou xingamentos;
> **h.** bater não resolve.

merecem o destempero dos pais, nem os pais, dos filhos.

Tais destemperos emocionais exigem tempo para se conversar sobre eles e concluir quais seriam os melhores caminhos alternativos para corrigi-los. Na hora, quem manda neles é a irracionalidade, e não a razão. O que os filhos precisam é construir sua própria vida com equilíbrio.

Quando o filho único, mesmo sofrendo com o destempero emocional, insiste nele, está recebendo reforços para sua manutenção. E eles

> **Agressões e violências são produtos da imaturidade e impulsividade.**

Disciplina é a base da vitória

> Mesmo que os tijolos sejam
> de boa qualidade, se, no cimento,
> estiverem o mau humor e os disparates,
> a prepotência e as submissões – os
> folgados e os sufocados – a construção
> não será boa.

funcionam como reforços à submissão, à negação ou até mesmo à sufocação das reações.

O que alimenta as agressões:

- **a.** falta de educação;
- **b.** prepotência;
- **c.** preconceito;
- **d.** fragilidade às frustrações;
- **e.** falta de respeito ao próximo;
- **f.** ódio.

Antes de os pais responderem a tais destemperos, vale a pena interferir e pedir que a criança se acalme, não grite. Pare a confusão com voz firme, clara, alta e imperativa, olhando nos olhos e impondo que o filho olhe nos seus olhos, mesmo que tenha que segurá-lo pelos braços, sapateando ou não... – principalmente se for filho único.

Um filho único não recebe estímulos provocativos diretos de irmãos, pois ele não os tem. Com irmãos pequenos existe "uma briga a cada dez minutos", segundo uma pesquisa na Universidade de Illinois, nos Estados Unidos. Mas para o filho único há um mundo de adultos à sua volta quase a lhe servir e ele ainda se destempera? Isso é grave. Destemperos emocionais prejudicam tremendamente a alta *performance* do indivíduo.

TRABALHE O DESTEMPERO

Educação é um projeto racional e não puramente emocional. As explosões e os destemperos geralmente danificam em segundos o que se levou muito tempo para ser construído. Não se consegue alta *performance* aos trancos e barrancos, gritos e sopapos...

Disciplina é a base da vitória

Se nada funcionar e o filho continua se destemperando, aprontando horrores, demonstrando um arsenal de falta de educação, não se destempere:

a. diga a ele que você vai sair enquanto ele se acalma para poder conversar;
b. enquanto isso, se um dos educadores começar a se destemperar com seu filho (que deve ser único naquela hora) durante uma conversa mais séria, ele deve se acalmar primeiro;
c. para se controlar, respire fundo, fale pausadamente ou pare de falar, beba um gole de água, interrompa a conversa para continuar em seguida... Enfim, faça o que for melhor para se acalmar.

Se tais procedimentos não funcionarem e permanecer a vontade de esganar o filho, saia da sala, agite o corpo, grite, soque almofadas, conte até mil... respire fundo e volte para a sala.

a. mas, ao sair, não grite com o filho (único ou não) nem lhe dê uns cascudos mesmo que merecidos, senão o destemperado será você;
b. não dê chances para o filho falar, perguntar ou fazer algo.

IÇAMI**TIBA**

NECESSITADOS E CHANTAGISTAS

Piedade é um sentimento que nos inspira a querer ajudar os verdadeiramente necessitados. Os filhos que se fazem necessitados não conhecem a verdadeira necessidade. O que eles sentem é apenas frustração. É como um mendigo que vai permanecer na pobreza.

Quando o filho único se frustra, parece que ele quer morrer. Quer dizer, não suporta frustração, que faz parte da vida. Portanto, tal confusão é falta de educação. E foi estimulada pelos pais que, por temerem traumatizar os filhos, não os preparam para enfrentar frustrações.

> Mendigos fazem dinheiro pedindo esmola. Não ganham esmola se não forem mendigos. Portanto, a esmola obriga o esmoleiro a se manter na pobreza.

Se os filhos são privados das perdas, os pais estão aleijando os filhos na força para superar frustrações.

Na realidade, os filhos se fazem de "coitadinhos" para ganhar o que querem e estimular compaixão nos seus pais. "Coitadinhos" não são

> *Quem não souber perder não vencerá.* Se esportistas abandonassem seus esportes a cada derrota, não teríamos campeões.

carentes, eles se passam por necessitados. Estão fazendo chantagens emocionais, e isso não amadurece para a vida.

Chantagens e mentiras não levam à alta performance, pois elas têm pernas muito curtas.

PIEDADE E ESMOLA NÃO EDUCAM

Piedade e esmola são inimigas da educação. Isso vale principalmente para o filho único, que não merece piedade e muito menos precisa de esmola.

Quando o filho faz cara de menor abandonado, os pais não devem ceder. O filho sairá vitorioso!

Quando os pais negam algo que o filho quer, e este faz cara de coitadinho, de menor abandonado, os pais ficam com pena e chegam até a exclamar, ironicamente ou não, "que dó!". O filho já se sente meio vitorioso, pois ele conseguiu fazer com que seus pais percebessem o estado, verdadeiro ou fingido, como ele ficou. Agora é só uma questão de tempo, pensa ele.

Os pais acabam desconsiderando as negativas anteriores e arrematam tudo dizendo: "Está bem, desta vez pode!". Então o filho sente-se vitorioso duas vezes: venceu o obstáculo que os pais colocaram e ganhou o que estava querendo.

Por que os pais consentiram em algo que haviam negado antes? Disseram um sim que aniquilou todos os nãos ditos até então? Nada mudou, o filho não fez nada de diferente a não ser permanecer na insistência, isto é, o filho não agregou nenhum valor à situação que justificasse a mudança. Passar por coitadinho sem sê-lo, além de falsidade ideológica, tira credibilidade, sem a qual não existe *performance* que resista.

Por que pais *permitem* algo que *negaram antes?*

FILHO ÚNICO TIRANIZA "CORAÇÃO-MOLE"

Por que os pais falam "desta vez..."? Significa que a alteração veio dos próprios pais. Ou seja, o filho faz os pais proibirem e depois os faz engolir. Quem tem poder nesse relacionamento, de fato, é o filho. Os pais ficaram com pena e deram uma esmola, e o filho nada fez para merecer essa mudança.

O que o filho aprendeu com isso? Que ele é todo-poderoso, que pode fazer o que quiser, pois, mesmo que lhe venha uma "negativa", ele consegue anulá-la e ainda acaba ganhando o que quer.

> O que o filho aprendeu com a esmola? Que ele é todo--poderoso, que pode fazer o que quiser, pois pode anular qualquer negativa com seu "jeitinho".

Para que o filho respeite os pais, é necessário que estes mantenham a coerência e a constância na ação prometida e também façam as repreensões.

Se mesmo assim o filho insistir, os pais podem dizer que, com mais uma insistência, ele perderá o próximo privilégio "x". Se insistir outra vez, então os pais têm

IÇAMITIBA

que cumprir o prometido. O combinado é o combinado. Questão encerrada.

Para os pais poderem cumprir (isto é, não darem o "x"), é preciso que seja algo sobre o que eles tenham controle absoluto. "Vai já para o seu quarto!". O filho pode ir para o quarto, mas uma vez dentro dele, pode fazer o que quiser e não o que os pais mandaram.

Atenção: **corações moles** criam **moloides** e *não pessoas* **de** *alta performance.*

INSISTÊNCIA MALANDRA

Por que o filho insiste? Porque aprendeu que os pais mudam de ideia e atendem a sua vontade. O filho aprendeu que os pais não aguentam uma negativa até o fim, portanto acaba compensando ser mal-educado e insistente.

Um profissional recebe um aumento de salário não por insistir no pedido, mas por ter melhorado sua *performance*. É a meritocracia. Portanto, os pais/professores/patrões que atenderem às malandragens dos seus filhos/alunos/empregados,

Disciplina é a base da vitória

além de não os educarem, estarão se tornando reféns dessas manobras relacionais.

> O que é mérito? É quando um profissional recebe um aumento de salário não por insistir no pedido, mas porque melhora sua performance.
> A meritocracia existe em todas as sociedades. Não há como fugir desses valores.

O insistente age fazendo tudo exatamente igual, mas querendo um resultado diferente. Como pode um aluno tirar uma nota melhor em uma prova, se nada acrescentou ao que sabia para a anterior?

Na insistência, o malandro depende não dos próprios valores, mas de os professores serem mais benevolentes, de os pais serem mais negligentes e de o patrão, mais conivente.

Um filho com insistência e com vontade própria faz um próximo pedido com a melhora da proposta. Convence os pais a aceitarem o seu pedido. É essa a persistência de um cientista que, a cada tentativa, muda uma tecla, acrescenta ou subtrai outra, até que descobre o caminho que

içamiTIBA

desvenda o mistério. Todos saem beneficiados pela descoberta.

A persistência é a que forja os campeões, que estimula o cientista e o inventor a darem um passo além. Um recordista esportivo tem essa obstinação, como a tem um bom escritor ou um médico que atende o seu paciente.

Persistência, **obstinação,** *perseverança* **é que** **forma os** Campeões.

Um adolescente, cujos pais o proibiram de ir à balada com amigos, merecerá ir a uma próxima, apenas se ele corrigir o erro.

Não é com insistência malandra, mas com grande vontade que se cria uma alta *performance*.

Como melhorar a *performance* educativa

Como os pais podem recuperar a autoridade educativa perante filhos que não os respeitam? Segue uma lista de atitudes viáveis de serem praticadas, cuja verdadeira funcionalidade está na sua manutenção:

Disciplina é a base da vitória

Atitudes viáveis:

a. a proibição tem que estar clara e bem decidida internamente. É um não para o qual não há argumentos;

b. fale clara, firme e brevemente, com pouquíssimas palavras, sem rodeios e justificativas prévias e sem brechas para retrucos. Comunicação não é um diálogo;

c. não é preciso gritar, ofender, menosprezar, diminuir, ironizar o seu filho para criar comunicação racional, em que a emoção, além de não ajudar, atrapalha;

d. fale também com os olhos, fitando o filho, fazendo coerência com a fala. Não desvie o olhar antes de acabar de falar. Exija ser olhado;

e. não permita que ele faça nada enquanto você estiver falando;

f. faça-o repetir o que você lhe disse. Equivale à assinatura do contrato;

g. a insistência do filho não é uma desobediência ao não dos pais, mas uma tentativa de fazer os pais transformarem o não em sim;

h. após o término da comunicação, peça para o filho sair se estiver no seu ambiente, ou saia, se estiver no ambiente dele. A presença física pode significar para o filho a possibilidade de prolongar a conversa na tentativa de demover os pais da proibição.

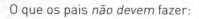

O que os pais *não devem* fazer:

a. desejar interromper a birra do filho de qualquer maneira. Parar a birra depende do filho. O que depende dos pais é sair do local;
b. fazer de conta que não está acontecendo nada. Isso aumenta a birra;
c. ameaçar o birrento com: "Você vai ver quando chegar em casa"; "nunca mais trago você comigo" etc. Os filhos sabem que são promessas que não se cumprem;
d. deixar que o filho comande o espetáculo, como se houvesse uma "negociação" entre pais e o birrento;
e. acreditar no destempero emocional do birrento. Esta é uma arma com a qual ele controla os pais;
f. aceitar o "então me dá outra coisa". Esta é a vitória do birrento: ganhou alguma coisa;
g. pais devem lembrar sempre que birra é uma extorsão abusiva do amor dos pais, sufocados por tamanha tirania;
h. tentar argumentar com o birrento; é sinal de derrota dos pais. Contra birra não há argumento que resolva, pois enfrentar a birra é uma questão de atitude;

Birra não é perda de controle.
É proposital e muito racionalizado.

Disciplina é a base da vitória

O que os pais *devem* fazer:

A birra é um comportamento do mal: é uma violenta explosão corporal com gritos, socos, pontapés e agressões, provocando constrangimento e vergonha pública nos pais. É uma tentativa de controlar tiranicamente os pais. Os pais, sabendo disso, podem retomar o controle da situação mudando de atitude perante a birra:

a. se o filho já ouviu um primeiro não, os pais não devem mais replicar com palavras, dizendo um segundo não;

b. manter o não com o corpo, não ouvir contra-argumentação, continuar a fazer o que estava fazendo;

c. sem olhar para o filho birrento, direcionar o braço na direção dele e gesticular um não com o indicador;

d. ser benevolente, contado até 3, agora olhando nos olhos dele, ou aproveitando o indicador e levantá-lo, gesticulando o número 1; a seguir, levantar o dedo médio gesticulando o 2 e, por último, o anelar, mostrando o 3. Se chegar ao 3, adotar a medida já combinada;

e. não pagar compras e largar no local tudo o que o birrento queria e sair quase correndo. (Lembrar sempre de não comprar aquele brinquedo nunca mais). Se a mãe sai correndo, o filho sente medo e corre atrás;

f. já em paz, combinar que após a próxima tentativa, o birrento esperará os pais fora da loja.

SE O FILHO FICAR DOENTE, A MÃE TOMA O REMÉDIO POR ELE?

Por mais agradável que seja, os pais não devem fazer nada que os filhos possam fazer sozinhos, principalmente se for um filho único.

LIÇÃO?

Há mães que fazem a lição da escola pelo filho, deixando feia a própria letra ou imitando a letra dele. Um filho não pode ser avaliado pelo que não fez. A quem essas mães estão enganando?

Os professores sabem quais os alunos que têm ou não competência para fazer um trabalho escolar. Se não, descobririam o engodo pela forma e conteúdo do pensamento, que é muito diferente na criança e no adulto. Tarefa do filho quem faz é ele. Professores preocupados tentam identificar o problema de um aluno que não consegue fazer a sua tarefa. Quando a mãe faz a lição do filho, a avaliadora considera que o aluno sabe e segue a matéria em frente. Cada vez mais a mãe terá que fazer o que não deve, e o filho estará deixando de aprender.

TAREFAS?

Pais há que colam figurinhas e montam quebra-cabeças que o filho deveria fazer. Pode ficar perfeito, mas não foi o filho que fez. Vale mais para a autoestima do filho sentir que foi ele que fez, mesmo que não esteja perfeito. O que lhe adianta a perfeição do pai? Sua imperfeição vai se distanciando da perfeição do pai, e o filho acaba abandonando o fazer e atrofiando o que já fazia.

Pais que fazem os deveres do filho estão impedindo o desenvolvimento da prática; esse gesto de amor acaba aleijando o filho. A *performance* negativa é dos pais, pois o filho retrocede na vida. A esperança desses pais "aleijadores" é que o filho único melhore quando crescer, quando casar, quando tiver que trabalhar etc. Doce engano.

Amadurecer é um processo lento de construção diária das competências.

BRINQUEDOS?

Um filho cuja mãe guarda sempre os brinquedos não pratica a cidadania familiar. Um filho único pode ter sua *performance* prejudicada pelos adultos hipersolícitos à sua volta. O filho acaba se desinteressando daquilo em que ele vai mal. Logo ele quererá abandonar os estudos. Além de não desenvolvê-lo, a mãe ajudou o filho a atrofiar o que sabia. Esse tipo de proteção prejudica os filhos, pois, apesar de ser por amor, elimina o "broto" da iniciativa do futuro profissional e o sentido do dever do futuro responsável.

Filhos e mãe

É no relacionamento a dois, filho-mamãe, que uma pessoa começa a desenvolver a atitude de relacionar-se com outras pessoas. Essa atitude é moldada pela mãe (ou substituta), de quem o nenê depende totalmente através do seu papel complementar.

Caso não eduquem,
mães ordeiras também
criam filhos desordeiros.

Filhos e mãe

> **COMO SE CONSTRÓI A CIDADANIA**
>
> **1.** Uma mãe que respeite a existência do nenê, que atenda suas necessidades e direitos, que o mantenha limpo, que converse muito docemente com ele estará fornecendo as bases de uma boa autoestima para a construção da sua personalidade e futuramente de sua cidadania.
>
> **2.** Educar é exigir que as crianças pratiquem o que aprenderam, que guardem os seus "brinquedos". A criança que aprende isso saberá com certeza usar um banheiro público e deixá-lo limpo para o próximo usuário.
> A criança deve aprender que o ambiente tem que ser deixado em ordem, como gostaria de encontrá-lo se fosse o usuário seguinte.

FILHO E PAIS

É muito mais frequente que filho de pais separados fiquem com a mãe. Crescer somente com o pai está muito relacionado com fatores como falecimento ou doença grave da mãe. Existem mais possibilidades de um filho único com mãe única, desde a simples falta de conhecimento de quem seja o pai até ter um pai que não quis assumir a paternidade. Mas há também casos de doenças graves, ausências por longos períodos de trabalho,

IÇAMITIBA

separações conjugais e até mesmo de casos em que o pai ou a mãe, mesmo presentes, são uma grande ausência na convivência com o filho.

> Atendi uma jovem que ficou órfã na puberdade. O segundo marido da mãe era "detestável", o que a deixou traumatizada. Hoje, porém, ela está casada com um homem que é excelente marido e excepcional pai. Ela tem filhos e é excelente mãe e esposa. Seu passado não condenou seu futuro. Hoje essa família merece o título de família de alta *performance*.

O TRABALHO DE PARTO

O parto é nobre exclusividade da mulher, regido pela biologia e complicado ou ajudado pela psicologia. A parturiente enfrenta a dor de parto como algo natural e necessário e suporta o que um homem não aguentaria "nem morto". O que impressiona os homens é saber que há mulheres que optam

> Homens não aguentam pensar nos partos de suas mulheres. Ela muitas vezes opta pelo melhor tipo de parto pensando no bebê.

por sentir as dores do parto para não prejudicar o bebê por causa das medicações.

A gratificação da mulher ao saber que já pariu é uma das maiores realizações da sua vida. Mesmo prestes a desmaiar, ela quer ver o bebê logo que nasce.

Grande mudança: hoje os pais acompanham, retratam, filmam a hora do parto...

> **E O PAI?**
>
> A *performance* de pai hoje se amplia bastante, pois ele pode dar a mamadeira, ajudar a arrotar, trocar fraldas, dar banhos e participar de muitas outras formas do desenvolvimento de seu filho.

Hoje já é aceito como padrão de comportamento que o pai do bebê acompanhe o parto na sala e seja o primeiro a pegar o recém-nascido. Essa experiência, novíssima para o homem civilizado, fortalece muito o vínculo entre pai e filho.

Trata-se de uma grande mudança de atitude paterna em relação a um passado recente. Até há bem pouco tempo, o pai ficava na sala de espera, aguardando uma notícia do médico para distribuir charutos aos homens presentes e então comemorar o nascimento do filho.

Perante o visível e grandioso trabalho de parto da mulher, a *performance* do homem é proporcionar logística material e afetiva para que corra tudo bem.

AMAMENTAR

Amamentar ou não? Ação depende de muitos fatores externos.

O primeiro trabalho que completa a função de perpetuar a espécie é a gravidez; o segundo é o parto, e o terceiro é amamentar. A amamentação é a função biológica que está mais sujeita à interferência externa. Pela necessidade de trabalhar ou até mesmo por vaidade pessoal, há mulheres que desistem de amamentar. Essa decisão pode custar caro para a saúde do recém-nascido, que não possui defesas nem nutrientes naturais, e pode adoecer com mais facilidade, além de ser privado do contato seio--boca, essencial para sua saúde e crescimento.

GORDURA NÃO É SAÚDE

Persiste a imagem dos bebês de propaganda (gordinhos, vermelhinhos, risonhos), mas hoje se sabe que muitos deles acabam sofrendo de obesidade infantil – uma tendência que pode acompanhá-los pelo resto da vida.

Sabe-se que, com meses, um bebê é capaz de sugar uma batata frita. Seu cérebro registra o gosto da gordura e do amido, e passa a recusar verduras, frutas e outros alimentos. O papel da família é ajudar o bebê a compor uma dieta.

MÃE E FILHO

Uma das maiores riquezas para o recém-nascido é seu relacionamento com a mãe, por causa da formação de um vínculo simbiótico. Isso significa que uma pessoa não vive sem a outra e ambas se beneficiam com esse relacionamento. A dependência do bebê é total, e a da mãe, parcial. Aceitar essa dependência do recém-nascido

içami**TIBA**

– e sentir-se totalmente dedicada a ele – é um sentimento que uma mulher não sente nem mesmo quando tomada por uma avassaladora paixão amorosa.

Considero altíssima a *performance* desse relacionamento e não me preocupo se sua origem é biológica ou psicológica. É difícil falar sobre a mãe e o recém-nascido. Mas a sua intensidade é tão grande que do seu quarto ela consegue perceber uma levíssima alteração do respirar do bebê.

A complicação desse relacionamento é o prejuízo que traz a ambos (mãe e filho) quando este permanece e atrapalha o natural processo de independência do filho. Ouço diversas mães relatarem o quanto esse relacionamento é intenso e exclusivo, como nenhum outro em sua vida.

> **O pai raramente estabelece
> um vínculo tão simbiótico quanto
> a mãe com o recém-nascido.
> No entanto, a atitude do pai cuidador
> pode ajudar muito a mãe a não
> ficar sobrecarregada.**

INSTINTO DE SOBREVIVÊNCIA

O homem das cavernas tinha a vida muito estressante. Ou caçava-matava ou era caçado-devorado. Sobreviviam os mais astutos, fortes e capazes.

No mundo de hoje, sobrevivem os homens (e mulheres) capazes de produzir e ganhar dinheiro. A ligação do homem com a produção equivale às caçadas pré-históricas: é uma questão de sobrevivência.

Família: trabalho e dedicação

Na grande maioria dos casos, é parte do trabalho masculino proteger e garantir a sobrevivência da sua família, e alguns até exageram na dedicação ao trabalho. Uma mulher, hoje, pode também estar no trabalho, por isso precisa de ajuda para criar seus filhos.

Ser mãe é perceber os mínimos detalhes do bebê, que podem passar despercebidos pelos outros, inclusive pelo próprio pai da criança. Uma respiração mais forte, um soluço, choro ou outras manifestações da face são, como disse, captadas.

IÇAMITIBA

Essa mãe está operando com alta *performance*.

Além de enfrentar gravidez, parto e o período de amamentação, um dos elementos de generosidade extrema de uma mãe para com os filhos é a disposição para sacrificar-se pela vida deles.

Nós, os seres humanos, estamos equilibrados entre sobrevivência e perpetuação da espécie.

Um dos relacionamentos perenes entre os humanos desde os nossos ancestrais até hoje é, como vemos, o do casal que tem filhos. Isso é alta *performance* de relações na família.

> A mãe fica tão voltada ao recém-nascido que ambos ficam sem nenhuma proteção, tornando-se, aparentemente, presas fáceis para qualquer predador. Este é um amargo engano, pois é nesse momento que a mulher se mostra disposta a tudo para proteger o filho, muitas vezes o único que terá.

FAMÍLIA DE ALTA *PERFORMANCE* COM DOIS OU MAIS FILHOS

Quando um bebê nasce, uma nova família passa a existir. É a presença do filho que transforma um casal em família.

A formação de uma família

A separação de um casal sem filhos é muito mais simples que a separação de cônjuges que também são pais. É possível virar ex-marido ou ex-mulher, mas não existem ex-pais, mesmo que eles estejam separados.

> A diferença de comportamento entre pai e mãe é cultural e se reflete no cotidiano da vida familiar.

Com o nascimento de um bebê, nasce também um pai e uma mãe. Mães têm certeza da maternidade: a gravidez é sua garantia. Enquanto o filho desenvolve o vínculo com a mãe, antes mesmo de nascer, não são raros os casos em que pais exigem exames de DNA para comprovar a paternidade.

A história tem demonstrado que o homem não tem tanta certeza de sua paternidade.

Na própria língua portuguesa a diferença é evidente. Pai é sempre pai, seja no singular ou no plural. Mãe é mãe somente no singular, pois no plural, a palavra *pais* se refere ao pai e à mãe.

Nas reuniões de pais da escola, por exemplo, a maioria presente é composta por mães, pois os pais geralmente não participam.

A família de Édipo

Pai e mãe são diferentes também em outro aspecto. É quase impossível deixar de ser mãe. Para o pai, no entanto, é mais fácil desligar-se. Na mitologia grega, há histórias em que o pai e filho lutam pelo poder.

Laio, pai de Édipo, mandou matá-lo porque o oráculo de Tebas profetizou que o rei seria morto pelo próprio filho, que tomaria seu trono. Seu criado levou Édipo para a floresta, pendurou-o numa árvore com um gancho espetado pelos pés e lá o abandonou.

O menino foi encontrado por pastores que o chamaram de Édipo, que significa "pés inchados", e levaram-no ao rei de Corinto, que o adotou.

Já adolescente, Édipo ouviu do oráculo que viria a matar seu pai e se casaria com sua mãe. Como ele não sabia que era filho adotivo, resolveu fugir para Tebas, para evitar a tragédia, mas numa "briga de estrada", acabou matando o rei Laio, sem saber que este era seu verdadeiro pai.

Ao chegar a Tebas, foi transformado em herói por ter decifrado o enigma da Esfinge que guardava a cidade e, como herói, conheceu a rainha Jocasta, casou-se com ela e teve filhos. Foi então que outro oráculo lhe deu a confirmação que tanto temia.

Édipo tinha matado seu pai, Laio, e casado com sua mãe, Jocasta.

Essa é a história que levou Sigmund Freud, criador da psicanálise, a eternizar o mito com o que chamou de *Complexo de Édipo*: competir com o pai pelo amor da mãe.

A formação de uma família

Cuidado e educação: é dever de pai?

O problema da participação do pai na educação dos filhos não só tem uma origem muito antiga como faz muita falta no cotidiano da formação.

> Encontrar pais que desconhecem os filhos é fácil, assim como é fácil encontrar filhos procurando seus pais biológicos. E os exames de DNA estão aí para facilitar essa busca.

É interessante observar o comportamento de alguns animais na relação pai-filho. Num grupo de leões, por exemplo, quando um novo chefe vence uma luta, costuma matar os filhotes do leão vencido. Com seus filhotes mortos, as leoas entram no cio e são cobertas pelo novo chefe, e isso significa que elas se uniram ao DNA mais forte para sua descendência.

Talvez um estudioso do comportamento de leões pudesse pesquisar quais complexos desenvolveriam os leõezinhos contra este "novo marido" da mãe. Querer matar o grande leão talvez nem seja uma disputa de poder, mas

IÇAMI TIBA

uma questão de sobrevivência dos leõezinhos.

Na natureza, a mãe, de modo geral, mata mais vezes seus companheiros sexuais que os filhos. O pai, na natureza de modo geral, mata mais seus filhos que suas companheiras sexuais.

> **Um DNA mais forte garante a perpetuação da família.**

É comum o homem ser mais macho do que pai, e a mulher ser mais mãe do que fêmea.

Numa briga entre mãe e filhos, o homem geralmente protege mais a sua companheira que os filhos. Numa briga entre pai e filhos, a mulher na maioria das vezes protege mais os filhos que o seu companheiro.

Família em que a mãe é líder

A antropologia pode ajudar a compreender as diferenças entre pai e mãe. Um estudo do antropólogo

A formação de uma família

Luiz Almeida Marins Filho sobre aborígines australianos revelou que várias sociedades primitivas eram matrilineares.

Os filhos ficavam com a mãe, que pertencia a um clã. O pai pertencia a outro clã, onde estava a sua própria mãe.

Não havia consanguinidade, no sentido de um parentesco estabelecido pela convivência paterna, pois pai e mãe eram de clãs diferentes. Assim, quem educava o filho era a família da mãe, e o real protetor era o tio, irmão da mãe.

Essa situação somente foi alterada quando o modelo de família transformou-se naquele que conhecemos em nossos dias, e isso só foi possível com a chegada da agricultura há 12 mil anos na Mesopotâmia.

> Com o surgimento da agricultura, as sociedades deixaram de ser nômades e se tornaram sedentárias.

A história da humanidade leva à conclusão, portanto, de que as mulheres já tinham muito

içamiTIBA

mais prática em ser mães do que os homem em ser pais quando o modelo de família passou a existir. O resultado disso é que os homens precisam se desenvolver para a paternidade, e não se colocar à margem da educação dos seus filhos.

Ciclo vital da família

Tudo o que tem vida tem seus estágios. Cada estágio traz também um ciclo com começo, meio e fim.

O ser humano, no seu ciclo biológico de vida:

nasce ▶ passa pela infância ▶ adolescência ▶ ▶ maturidade ▶ velhice ▶ morre

O conhecimento dessas fases ajuda a família nos conflitos e nas decisões do dia a dia. Um mesmo problema pode apresentar soluções diferentes, dependendo da fase de desenvolvimento em que se encontra a família.

A formação de uma família

A FAMÍLIA TAMBÉM TEM O SEU CICLO VITAL COM QUATRO ESTÁGIOS[2].

- **A fase de aquisição** vai desde a união do casal até a entrada dos filhos na adolescência. É a fase da conquista de segurança, representada pela aquisição da casa própria, planos de saúde e poupança para os estudos dos filhos, cursos complementares e crescimento profissional.
- **Na fase adolescente**, todos adolescem, inclusive o pai, a mãe, ou ambos. Há nessa fase revisão de valores, cuidados com estética, separações, novos casamentos, maior diálogo e trocas entre pais e filhos, com menos rigidez e adequação de valores e regras.
- **A fase mais longa do ciclo vital da família é a fase madura**, com a saída dos filhos do lar, a entrada dos novos membros da família e a chegada dos netos. Surgem as preocupações com aposentadoria e os cuidados com o envelhecimento. Geralmente a casa fica cheia, mesmo com menos filhos.
- **Há então a última fase, pós-aposentadoria**, que aparece como resultado de como a pessoa viveu, com benefícios favoráveis e qualidade de vida ou com prejuízos e consequências que pioram com a idade avançada. A casa que deveria ficar mais vazia, hoje ainda conta com adultos jovens e/ou filhos separados que retornaram.

2 CERVENY, Ceneide e BERTHOUD, C. *Visitando a família ao longo do ciclo vital*. São Paulo: Casa do Psicólogo, 2002.

IÇAMITIBA

Família brasileira e sua possível melhora

Quais são as características da família brasileira? Para conhecer melhor a realidade das famílias no Brasil, recorremos aos dados da Pesquisa Nacional por Amostra de Domicílios (PNAD), de 2006, que revelaram o seguinte:

- no Brasil, 67,6% das famílias têm filhos;
- o número de famílias chefiadas por mulheres aumentou, e o número de famílias chefiadas por homens diminuiu;
- a família monoparental feminina (chefiada por uma mulher) é predominante em regiões metropolitanas;
- a média de 3,6 pessoas por família em 1966 baixou para 3,2 pessoas por família em 2006;
- pessoas com mais de 60 anos ocupavam 40% dos domicílios em 2006;
- 44,5% dos idosos são chefes de família e moram com seus filhos;
- em 89,5% dos divórcios, as mulheres ficaram com os filhos.

Dados complementares do IBGE, de 2005, também nos informam que:

A formação de uma família

- entre 2003 e 2005 foram registrados 836 mil casamentos e 103 mil separações;
- mulheres gastam 25,2 horas semanais, em média, com afazeres domésticos além da sua ocupação;
- cerca de 18 milhões de pessoas (10% da população brasileira) têm mais de 60 anos. Em 10 anos, houve um acréscimo de mais de mais de 5 milhões de habitantes com mais de 60 anos e esse aumento deve continuar;
- os idosos ocupados somam 43% do total de homens, contra 20% do total de mulheres;
- 65,3% dos idosos foram considerados chefes do domicílio.

Por esses dados, concluímos que é difícil definir um padrão de família brasileira. O estabelecimento de um padrão único de família, aliás, é quase impossível, pois cada pessoa é única neste planeta, o que faz com que seus relacionamentos sejam também únicos.

Cada família recebe as consequências diretas da atuação de qualquer um dos seus integrantes. Entretanto, conhecimentos e bons pensamentos podem melhorar o desempenho de toda e qualquer família.

Família nuclear e expandida

A família nuclear é aquela constituída somente por pais e filhos. A família expandida constitui-se a partir da entrada de genros, noras e outros parentes, como cunhados, primos, sogros, sogras e tios.

Participam da família expandida outros parentes por afinidade, como os novos namorados-maridos da mãe ou do pai, mais os filhos dos antigos casamentos de cada um.

A família chamada monoparental é formada somente por um dos pais mais os filhos. Pode ser chefiada por um homem ou por uma mulher.

Na década passada, segundo o Departamento Intersindical de Estatística e Estudos Socioeconômicos (Dieese), na cidade de São Paulo havia a seguinte configuração familiar:

A formação de uma família

Família nuclear	58,8%
Família expandida	11,1%
Família quebrada com chefia feminina	23,9%
Família quebrada com chefia masculina	6,2%

O termo *família quebrada*, embora sugira uma impressão negativa, indica apenas que o casal original se separou. Hoje a maioria das famílias com pais que se separaram não está quebrada, mas sim rearranjada ou redesenhada, e até mesmo reinventada. Atualmente, como disse, usamos o termo família monoparental com chefia feminina ou masculina. Mas não é o termo usado que vai melhorar ou piorar o quadro já existente.

Parentes mais queridos

Pesquisas indicam que a avó materna, a sogra do pai, é a pessoa mais querida da criança, superada apenas pela própria mãe. Segundo essas pesquisas, o resultado em porcentagem da resposta sobre parentes mais queridos é o seguinte:

Avó materna	21,13%
Tia materna	19,91%
Prima materna	8,54%
Avô paterna	8,04%
Tio materno	7,29%
Tia paterna	6,03%
Avô materno	5,28%
Primo materno	4,77%
Primo paterno	4,27%
Avô paterno	3,52%
Outros	5,26%
Sem resposta	2,76%

Estes dados[3] são fundamentais para se compreender a importância dos parentes nos relacionamentos na família expandida, e a grande constatação é que a mantenedora afetiva da família continua sendo a mulher.

Origem da família nuclear

Segundo antropólogos, um dos marcos da separação entre o homem e os demais primatas foi o

3 RODRIGUES, A. M. *Indivíduo, Grupo e Sociedade – Estudos de Psicologia Social*, Rev: II, Tabela 2, p. 173.

A formação de uma família

> **A mais antiga ossada de família nuclear já identificada data de 4.600 anos. Pai, mãe e filhos de 5 e 9 anos de idade estavam enterrados juntos. Suas fraturas revelavam que foram vítimas de um massacre.**

surgimento da família nuclear. Formada por pai, mãe e filhos que vivem juntos, ela se opõe à chamada família estendida, na qual os animais andam em bandos e as relações entre os membros de mesmo sangue se dão de outras formas.

Até meados do século XX, a maioria dos antropólogos entendia que a família nuclear era uma instituição apenas cultural, consagrada nas histórias de Adão e Eva – a primeira das famílias, de acordo com a Bíblia.

Segundo o biólogo holandês Frans de Waal (nascido em 1948 e um dos maiores estudiosos dos primatas da atualidade), os *machos* que ficavam perto das *fêmeas* tinham mais chances de ter relações sexuais com elas (e consequentemente ter mais descendentes) do que os machos que apareciam apenas eventualmente.

IÇAMI TIBA

O instinto familiar é ancestral ao Homo sapiens.

A relação estável ganhou espaço porque, entre humanos, a criação de um filho exige mais tempo do que a de outros primatas. O pai, estando por perto, garantia comida, proteção contra predadores e assegurava a sobrevivência da prole.

Adultos e crianças: novas formas familiares

Um dos novos modelos de família é aquele em que o pai é o pai, mas a esposa do pai pode não ser a mãe daqueles filhos. No entanto, raramente a mãe deixa seus filhos com o ex-marido. O modelo mais comum é aquele em que a mãe se casa novamente e um novo homem passa a "tomar conta" dos filhos dela.

Nesse novo núcleo familiar, apesar de as crianças terem um homem e uma mulher como responsáveis por elas, o homem não é pai dos filhos da mulher, nem a mulher é mãe dos filhos do

A formação de uma família

homem. A consanguinidade é mista, portanto os filhos não são mais irmãos de sangue, mas sim irmãos de criação.

Woody Allen, **cineasta e *escritor* norte-americano, *separou-se* de Mia Farrow, após um longo casamento; *casou-se* já aos 63 anos com Soon-Yi Previn, sua filha *adotiva*, então com apenas 26 anos.**

Ainda hoje é muito difícil para um pai viúvo, com filhos pequenos, conseguir ser o provedor da casa e, ao mesmo tempo, atuar como "rainha do lar". Geralmente ele pede a ajuda de parentes ou contrata uma profissional para auxiliá-lo nas tarefas domésticas e nos cuidados com as crianças.

Também não é fácil para uma mãe que se vê sozinha, ou viúva, acostumada ao papel de "rainha do lar", tornar-se a provedora da família. Geralmente busca a ajuda de parentes ou encontra outro parceiro, que passa a ser o novo provedor.

Para esses novos relacionamentos surgem muitas variáveis, conforme as fases que as pessoas

IÇAMI**TIBA**

envolvidas estão vivendo. Por esse motivo, os novos modelos familiares também possuem diferentes configurações. Dificilmente se encontram duas famílias expandidas idênticas.

Famílias com um dos pais, madrastas e padrastos

Quando um casal se separa e um dos cônjuges fica com os filhos sem se casar outra vez, passa a formar um núcleo familiar monoparental.

Quando o pai ou a mãe que fica com os filhos casa-se outra vez, passa a constituir um novo núcleo familiar. Seus filhos, no entanto, não possuem vínculos de sangue com o novo cônjuge. Não podem chamá-lo de pai ou de mãe, por maior que seja o afeto existente.

> **ENTEADAS E MADRASTAS:**
>
> essas palavras tinham um significado negativo, retirado dos contos infantis, nos quais havia rivalidade e competição entre madrastas e enteadas e entre filhos biológicos e filhos trazidos por um segundo casamento.

Hoje, com os novos casamentos após uma separação ou morte de um dos cônjuges, as palavras madrasta e padrasto ficaram muito comuns. Madrasta, portanto, é a nova companheira ou esposa do pai viúvo ou separado. Padrasto é o equivalente masculino.

Atualmente, famílias compostas por pais separados, a que se acrescentam filhos biológicos e enteados, são bem mais comuns. Fica evidente que nos conflitos caseiros os relacionamentos de mesmo sangue são mais fortes que os relacionamentos recém-adquiridos.

Conceitos importantes para a família de alta *performance*

Para compreender uma equipe tão complexa como a família, estabeleci alguns critérios de ações e pensamentos para aprender com o passado a solucionar os conflitos existentes, praticar e desfrutar no presente melhor qualidade de vida e já construir o futuro.

Tudo isso faz parte do autoconhecimento de uma família. Qualquer pessoa, família, instituição ou empresa, antes de se lançar em um relacionamento, jogo, tarefa ou aventura, precisa ter autoconhecimento das suas qualidades, defeitos e potencialidades.

> **Uma família precisa conhecer suas qualidades, seus defeitos e seu potencial.**

Mas se este livro trata de famílias, por que insistir tanto no mundo corporativo? Porque a família é constituída por pessoas – as mesmas que estão no mundo corporativo.

Migração dos conhecimentos

Falando de sua experiência, *João* Havelange *declarou que* *trouxe para a* Confederação Brasileira de Futebol *– CBF –* *a sua experiência como* presidente *de uma* empresa *privada* *muito* bem-sucedida.

Conceitos importantes para a família de alta *performance*

O livro *Líder Diamante*, do consultor e palestrante Marco Aurélio Ferreira Vianna[4], ilustra com bastante clareza as questões sobre migração de conhecimentos, usando o recurso de algumas entrevistas com profissionais do mundo corporativo.

> **Daniela Barone Soares, economista pela Unicamp e CEO da ONG Impetus Trust, em Londres, ganhou o Charity Awards em 2008, prêmio equivalente ao Oscar das organizações filantrópicas inglesas, por sua ideia de "aplicar o jeito de pensar e a visão do mundo corporativo ao terceiro setor".**

Tanto Luiz Vellozo Lucas, prefeito de Vitória, Espírito Santo, quanto Angela Amin, prefeita de Florianópolis, Santa Catarina receberam várias vezes o título de *Melhor Prefeito do Brasil*. Quando foram entrevistados por Marco Aurélio responderam que... levam para a máquina pública as ferramentas e os processos mais modernos, utilizados nas empresas privadas de ponta.

4 VIANNA, M. A. F. *Líder Diamante*. O sétimo sentido. São Paulo: Saraiva, 2008.

IÇAMI**TIBA**

Um praticante dos conhecimentos adquiridos em uma área (corporativa) pode aplicá-los em outras áreas (administração pública e esportiva). Foi o que aconteceu com os líderes diamante já citados e com Daniela Soares, que tiveram alta *performance*.

Da mesma forma, esses e outros conhecimentos e conceitos podem ser aplicados à família, para que ela também seja de alto desempenho.

QI e sucesso

Cerca de 250 mil estudantes de nível fundamental e médio de escolas da Califórnia foram pesquisados por Lewis Terman, um jovem professor de Psicologia da Universidade de Stanford.

Cerca de 1.470 alunos apresentavam QI superior a 140, alguns chegando a 200. Esse estudo genético de gênios tornou-se um dos mais célebres da história. A vida dessas pessoas foi acompanhada em realizações acadêmicas, casamentos, doenças, saúde psicológica, promoções e mudanças de emprego.

Conceitos importantes para a família de alta *performance*

> **Alta inteligência não garante liderança.**

Terman achava que desse grupo sairiam líderes promotores da ciência, arte, política, educação e bem-estar social, mas o que ele concluiu foi que o QI não garantia a liderança esperada.

A mesma conclusão obteve o psicólogo britânico Liam Hudson, em 1960, ao afirmar que o "QI alto de um rapaz pouco importa quando se está diante de outros rapazes inteligentes". E o psicólogo Robert Sternberg chamou de inteligência prática "saber o que e para quem dizer, saber quando dizê-lo e saber como dizê-lo para se obter o máximo efeito".

A socióloga Annette Lareau, da Universidade de Maryland, pesquisou profundamente crianças do segundo ano, negras e brancas, de lares ricos e pobres; cada família recebeu mais de 20 visitas por horas a fio.

Lareau descobriu duas filosofias diferentes de educação: "cultivo orquestrado" e "crescimento natu-

> **A educação orquestrada leva grande vantagem.**

ral". Ele enfatiza que uma não é melhor que a outra. Isso em termos morais e éticos, porém no mercado competitivo, o "cultivo orquestrado" apresenta grandes vantagens.

Educação orquestrada e crescimento natural

No "cultivo orquestrado":

a. os pais levavam seus filhos de uma atividade para outra, perguntavam sobre os professores, treinadores e colegas de time;
b. conversavam e discutiam vários assuntos;
c. não se limitavam a dar ordens; esperavam que seus filhos manifestassem suas determinações, negociassem seus interesses e questionassem posições de autoridade;
d. ou seja, sempre estimulavam seus filhos, com conjuntos de experiências em constante mudança, a trabalhar em equipe, enfrentar ambientes altamente organizados e lutar pelos seus direitos.

Conceitos importantes para a família de alta *performance*

> No "crescimento natural":
>
> **a.** as crianças brincavam soltas, inventando jogos de rua com irmãos e amigos do bairro;
> **b.** os pais sentiam-se intimidados pela autoridade, reagiam passivamente, ficavam em segundo plano e deixavam as crianças crescerem naturalmente;
> **c.** elas experimentavam desconfianças e limitações, apesar de serem menos choronas, mais independentes e criativas na ocupação do seu próprio tempo.

Lewis Terman entrevistou 730 adultos dos 1.470 alunos com QI superior a 140 e separou-os em três grupos:

> **Grupo A =** 150 (muito sucesso)
> **Grupo B =** 450 (sucesso mediano)
> **Grupo C =** 130 (sem sucesso)

Ele interessou-se pelos grupos extremos A e C.

içami**TIBA**

- **Do grupo A,** formado por advogados, médicos, engenheiros e acadêmicos, 100% terminaram a faculdade e 98% fizeram pós-graduação. Em suas casas havia muitos livros e seus pais também terminaram curso superior ou tinham feito pós-graduação. Estes viveram o sistema de "cultivo orquestrado".
- **O grupo C,** formado por bombeiros, contadores, vendedores de sapatos e desempregados, terminou apenas o nível médio de estudos, e somente 30% completaram a faculdade. Suas casas não tinham livros, seus pais ou mães abandonaram a escola antes do 9º ano. Estes foram criados no ambiente de "crescimento natural".

Tais resultados, profundamente perturbadores, revelam uma verdade nua e crua: **quase nenhuma** das crianças geniais, com futuro altamente promissor, da classe social e econômica mais baixa, conseguiu destacar-se, pois tinha problemas educacionais.

Conceitos corporativos

Muitos dos conceitos que usamos no mundo corporativo devem ser aplicados na educação dos filhos. Refiro-me, por exemplo, a conceitos como:

a. liderança;
b. meritocracia;
c. hierarquização de prioridades;
d. objetivo;
e. metas;
f. projetos;
g. estratégias de execução;
h. empreendedorismo;
i. espírito de equipe.

Conhecimentos que usamos na gestão de grupos e corporações também são valiosos no dia a dia da vida em família. Conceitos como os de educação financeira, ética e cidadania, de sustentabilidade e tantos outros podem facilmente ser aplicados com muito amor na educação familiar, com as devidas adequações.

É de se esperar que as pessoas do mundo corporativo conheçam bem os conceitos mencionados,

iÇamiTIBA

mas muitas outras podem não ter tanta familiaridade. Em razão disso, apresento a seguir alguns conceitos que interessam para a família de alta *performance*, bem como suas aplicações mais importantes.

Por que se agrupar?

À primeira vista, essa é uma pergunta muito natural, pois todo grupo – seja uma empresa, uma escola, uma instituição, uma ONG – tem metas.

Antropologicamente, antes de formar uma família, o ser humano se agrupou sob a linhagem genética da mãe. Era o grupo matrilinear. Aqueles que acreditam no criacionismo defendem que todos os seres humanos foram criados por Deus já prontos, como somos hoje. Os primeiros foram Adão e Eva, que formaram um casal. Deles vieram os filhos, que tiveram filhos até chegarem aos nossos pais, que nos tiveram.

Os humanos se agruparam por instinto de sobrevivência. Seria muito difícil para um ser humano, sozinho, lutar por sua sobrevivência.

Graças aos antropólogos, que estudam as características de grupos humanos através dos tempos, hoje temos conhecimento de alguns comportamentos próprios do homem, como o de formar famílias. Eles seguem as ideias de Charles Darwin, criador da Teoria da Evolução das Espécies.

Todo o grupo se beneficia do indivíduo mais inteligente, do mais forte, do mais astuto, do mais alto, do mais hábil... Em vez de serem comidos, os integrantes do grupo comiam as feras. Todos podiam dormir seguros enquanto uns ficavam guardando o sono dos outros. O grupo também proporcionava qualidade de vida.

Qual a meta final da família?

A vida sexual no interior do grupo provavelmente não era tão tolerante quanto a vontade dos indivíduos desejaria. A vida sexual de quem tinha um companheiro ou uma companheira era mais constante e satisfatória do que a dos aventureiros. O espírito de família ajudou na sobrevivência e perpetuação da espécie com os seus **quatro estágios** do ciclo familiar.

IÇAMITIBA

> **PARA LEMBRAR**
>
> Os quatro estágios do ciclo familiar: fases de aquisição, adolescente, madura e pós-aposentadoria.

Regidos pelos instintos de vida e de morte, queremos ter qualidade de vida e ser felizes, evitando sofrimentos, desgastes e doenças. Queremos também realizar algo mais nobre, como deixar o mundo melhor (plantar uma árvore), fazer a diferença na civilização (escrever um livro) e desbravar o futuro (ter um filho).

> Hoje, uma família de sangue tem filhos que dão trabalho equivalente ao dos ancestrais *Homo sapiens*. De diferente, existe a evolução da civilização.

Nada como uma família para garantir a realização desses projetos. Na prática, no entanto, as famílias se satisfazem cumprindo objetivos de prazos mais curtos:

METAS DA FAMÍLIA

- ganhar dinheiro suficiente para suprir necessidades e garantir um futuro próximo;
- *formar os filhos para serem vencedores* e felizes com suas escolhas;
- ter companhia e poder compartilhar e usufruir juntos realizações e sucessos, felicidade e alegrias;
- ajudar uns aos outros a superar os obstáculos, resolver os problemas e a desenvolver capacidade de resistir positivamente aos sofrimentos imprevistos.

Não importa quais metas e objetivos foram escolhidos. É interessante que todos saibam que temos um rumo a seguir e um local a chegar. A família é um alicerce de riqueza incrível que auxilia seus integrantes a alcançar a sua própria realização pessoal, social e profissional.

Espírito de equipe

O espírito de equipe determina que cada integrante saiba qual é a sua atuação num grupo, considerando o todo e colaborando com ideias e sugestões para soluções eficazes e criativas.

IÇAMITIBA

Numa família, é importante que todos os integrantes participem dos interesses e prioridades do grupo (como objetivos e meta), mantenham a comunicação transparente e cooperem na execução.

> O que seria de um time de futebol
> com dois atacantes brigando
> entre si, sabotando o grupo e
> trocando agressões e insultos
> durante o jogo?
> Não há como vencer a partida
> e muito menos como atingir a meta,
> que é ganhar o campeonato.
> É preciso que o técnico (o líder
> fora do campo) ou o capitão (o líder
> dentro do campo) coloque ordem no time
> para que todos se empenhem contra
> o adversário e não contra seus
> próprios companheiros. Primeiro
> vem o interesse do time – ganhar o jogo – e
> depois os interesses pessoais dos
> seus jogadores.

Brigas entre irmãos sempre existiram e provavelmente continuarão existindo. Já que não há como um irmão "eliminar" o outro da família, to-

Conceitos corporativos

dos os integrantes dessa equipe têm que ajudar a solucionar os conflitos. O erro mais comum dos líderes educativos é buscar a origem da briga. Essa é uma missão impossível. Brigaram? Os briguentos estão errados, apesar de sempre se culparem mutuamente. Parem a briga e vamos continuar a jogar!

Já que não há como um irmão eliminar o outro da família, todos os integrantes dessa equipe têm que ajudar a solucionar os conflitos.

A maior lição não está em deixar de brigar, mas sim em saber resolver as brigas. A paz tem que ser construída acima dos conflitos, entre os conflitantes e não por uma ordem superior. A alta *performance* tem que existir apesar das brigas internas.

> O líder de uma família, mulher ou homem, deve ter competência integradora para gerenciar conflitos.

Quem é o líder da equipe familiar?

O líder da equipe familiar é a pessoa mais capacitada para propor que cada integrante da família sinta a sua importância. É aquele capaz também de despertar em cada um a disposição para que todos vivam melhor. Os pais são candidatos naturais a líderes. Uma família com certeza será de alta *performance* se os pais:

a. forem líderes íntegros e éticos;
b. forem confiáveis nos atos e nas palavras;
c. tiverem clareza de visão de propósitos;
d. tiverem senso de direção e responsabilidade com o futuro;
e. e forem inspiradores para provocar em seus filhos uma grande motivação para atingir objetivos;
f. souberem comunicar seus sonhos e propósitos para contagiar e encorajar os filhos a ser empreendedores e abertos a mudanças;
g. possuírem os necessários conhecimentos, competências e habilidades para o seu desempenho;
h. amarem e valorizarem os seus filhos;
i. administrarem conflitos e trabalharem em sinergia com a equipe.

Conceitos corporativos

> "Na liderança educadora, além de ensinar, é preciso cobrar", diz Marco Aurélio Ferreira Vianna, e insiste nessa ideia porque "o Líder Diamante pleno é aquele que tem na família uma aliada".

Para os pais é importante que os filhos sejam estimulados a serem líderes em sua ausência. Uma família não pode parar de funcionar por ausência do líder.

Um filho que já nasceu com a internet nos dedos tem que saber mais que seus próprios pais, que são recém-chegados na área. Os filhos podem, então, liderar esse movimento, e os pais podem aprender com eles.

É bom que seja assim, porque o bom líder não quer transformar seus liderados em seguidores, mas sim em praticantes da liderança, para que desenvolvam seus próprios desempenhos.

Projetos, planejamento e estratégias de execução

Devaneios e sonhos são pensamentos descompromissados com a realidade, porque no imaginário

iÇAMiTIBA

tudo é permitido. Todos os projetos são excelentes até que sejam colocados no papel.

A realidade põe os
pés dos sonhos no chão.

Existe uma anedota que corre no meio psiquiátrico. Uma pessoa normal sabe que construir castelos no ar não passa de um sonho ou devaneio. O neurótico constrói um castelo no ar. O psicótico mora nesse castelo. O psiquiatra cobra o aluguel.

As crianças misturam bastante o imaginário com o real e desenham homens voando em torno do castelo construído no ar. Quando a criança coloca asas nos homens, significa que a realidade concreta entrou no seu pensamento. Mais tarde, ela descobre que homens não voam como pássaros.

Um adolescente pode ter a sensação de voar com um ultraleve, de andar no ar suspenso por um paraquedas ou de cair no abismo com um *bungee jump*. Mas ele não tenta voar, andar no ar, nem se jogar no precipício, porque já sabe da impossibilidade real desses sonhos, sabe que não pode morar em castelos construídos no ar.

Conceitos corporativos

> **PARA LEMBRAR**
>
> Quem não tem projetos, planejamento e estratégias de ação para o seu trabalho, fica à mercê do mercado e não se estabelece. Baixa *performance* para ele.

Um adolescente pode, entretanto, querer surfar num final de semana. Para isso prepara sua prancha, roupas, material de *surf*, pesquisa quando e onde estão as melhores ondas, como chegar à praia e assim por diante. Isso é capacidade de planejamento.

Um adoloscente *é capaz de* planejar, **preparar e** executar *tudo com* prazer *sem a ajuda de* ninguém.

A mesma estratégia de ação pode ser utilizada para sair-se bem numa prova escolar, esportiva ou num trabalho. A responsabilidade e a disciplina podem ajudar a usufruir o prazer.

Meritocracia

Meritocracia é o sistema de recompensa ou promoção fundamentado no mérito pessoal.

> A palavra mérito vem do latim *mereo*, que significa merecer, obter. Meritocracia tem origem híbrida, pois *cracia* vem da palavra grega *krateo*, que significa forte, poderoso.

Tem mérito aquele que é mais trabalhador, mais empenhado, mais inteligente, mais criativo, mais equilibrado emocionalmente e assim por diante.

Mérito rende mais *poder*, *privilégios ou prêmios.*

Numa família, a meritocracia deve ser estimulada, pois essa é a realidade fora de casa. Nenhum profissional consegue vencer uma concorrência fazendo birras ou gritando. Portanto, pais que mantêm os privilégios do filho que não os merecem estão na contramão da educação saudável.

Conceitos corporativos

Premiar quem não merece desmerece quem tem mérito.

Diante de uma situação de prêmio não merecido, o primeiro pensamento que surge na mente dos filhos é que não vale a pena se empenhar para ter bom desempenho. Um pai que não quer desagradar um dos filhos, ou pretende a igualdade entre todos, acaba cedendo a quem não merece. A família sai prejudicada em seu alto desempenho. Não se premia uma promessa, mas sim uma realização.

A meritocracia deve ser estimulada na família, pois essa é a realidade fora de casa.

Quem ganha sem merecer acaba acreditando que o mundo deve premiá-lo por nada fazer. Se o líder da equipe não tomar uma atitude, o restante da equipe vai deixar de se esforçar. Cai a *performance* familiar.

IÇAMI TIBA

> **Dois filhos adolescentes querem ir à mesma balada no aniversário de um amigo comum. Um merece ir, pois cumpre todos os seus deveres. O outro não merece, pois tira notas baixas e contesta tudo o que os pais determinam. O primeiro filho pode ir, o segundo, não. Mesmo que dê trabalho, grite, esperneie, não pode ir.**

Escala de prioridades

Hierarquizar é estabelecer prioridades entre o que é importante, urgente, necessário e assim por diante. Quando não existe esta escala de valores, perde-se tempo com coisas não tão necessárias nem tão urgentes.

Numa crise financeira, por exemplo, é importante que todos os integrantes da equipe familiar evitem gastos desnecessários, poupem ao máximo e procurem ganhar o máximo de dinheiro.

> **Organizar e estabelecer prioridades tem tudo a ver com alta *performance* familiar.**

Os devedores e inadimplentes comprometem tremendamente o desempenho familiar, pois diminuem o crédito e a confiança dos outros e baixam a autoestima de todos.

Mesmo as mulheres mais organizadas, ao se preparar para uma festa, costumam deixar a casa numa grande bagunça. Porém, recolocam tudo nos seus devidos lugares assim que possível. Elas estabelecem as prioridades. Mais importante que deixar a casa em ordem era ficarem lindas para sair. Depois que voltaram, o mais importante era recuperar a ordem.

Mulheres sabem *transformar a bagunça* em nova ordem.

Entretanto, um garotão que deixa seu quarto sempre bagunçado porque tem preguiça de arrumar, ou porque para ele está bom assim, é diferente. Para ele, a organização do quarto não é prioridade. Há um choque de prioridades entre a mãe ordeira e o filho bagunceiro.

Neste choque é importante a interferência do líder da equipe. Provavelmente o líder terá uma visão completa para o gerenciamento do conflito e será capaz de dar responsabilidades

içami**TIBA**

ao filho. Faz parte de um bom desempenho o aprendizado para estabelecer hierarquias conforme prioridades.

Happy hour

A tradução ao pé da letra de *happy hour* é "hora feliz", um período após o expediente de trabalho quando as pessoas se reúnem para relaxar, tomar um aperitivo, conversar sem compromisso, aumentar os relacionamentos e estabelecer sua rede de contatos. Tudo isto repercute bem no trabalho.

Ao sair do trabalho, o homem tem uma densa nuvem negra sobre a cabeça, com trovões, relâmpagos e um temporal pronto para desabar. É como o homem primitivo voltava para sua caverna após um dia de caçada "matar ou morrer", com o cérebro em coma, inundado pelo cortisol, o hormônio do stress. Nossos ancestrais podiam sentar-se em volta do fogo e recuperar-se do coma. Hoje, com os aperitivos no *happy hour*, os homens acendem a fogueira do estômago.

Conceitos corporativos

Família de alta performance não deixa o *happy hour* (hora feliz) se transformar em *tragic hour* (hora trágica).

As famílias também necessitam de uma "hora feliz", de um momento para relaxar, jogar conversa fora, atualizar as piadas, contar fatos pitorescos e divertir-se, sem medo de serem felizes. Nesses momentos em que a família se reúne, vale assistir a umas videocassetadas, fazer graça, fofocar sobre o dia, fazer brincadeiras.

Em muitas famílias, ainda há o hábito de cada um esperar impaciente, no seu canto, a mãe fazer o jantar.

> Uma nova atitude para o *happy hour* seria incluir todos na atividade que era da mãe, isto é, todos na cozinha, o que acaba virando uma farra! Família de alta performance não deixa o *happy hour* se transformar em *tragic hour*, com todos os marmanjos atrapalhando na cozinha!

Empreendedorismo

Empreender vem do latim *imprehendo*, que significa tentar fazer uma tarefa.

Hoje, empreender significa decidir realizar uma tarefa difícil e trabalhosa. E, mais que isso, empreender não significa agir impulsivamente, sem planejamento, sem previsão, sem meta, sem estratégia de ação, de acordo com a intuição e a vontade.

No âmbito familiar, os pais podem ensinar uma criança a empreender, levando em consideração os riscos reais presentes nessa atitude, pois os pais não serão eternos protetores da criança. Esta cresce, vira adolescente, se afasta dos pais e um dia terá que se virar sozinha.

Adolescentes saudáveis são os que aprenderam a respeitar o risco e não precisam desafiar a autoestima vivendo perigosamente. E os verdadeiros líderes são aqueles que formam outros líderes. Para os filhos serem empreendedores, é importante que os pais os auxiliem a desenvolver dentro de si essa competência. Filhos

Conceitos corporativos

> **PARA LEMBRAR**
>
> Como *não* gerenciar um conflito: "Fiquem quietos e calados!"

poupados por pais superprotetores geralmente são folgados esperadores, e não empreendedores.

Vou dar um exemplo que acontece com frequência. Quando vemos crianças correndo dentro de lojas enquanto os pais fazem compras, percebemos que os interesses dos filhos não estão alinhados com os dos pais. É comum que os pais simplesmente proíbam as crianças de correr. Elas começam a ficar inquietas e a brigar. Os pais perdem a paciência e as põem de castigo: "Fiquem quietos e calados!"

O líder não gerenciou o conflito, apenas impôs sua vontade. Melhor seria se as crianças tivessem responsabilidades e aprendessem a se divertir sem incomodar os outros. Elas que buscassem soluções alternativas: um joguinho de cartas, um quebra-cabeça, um brinquedo eletrônico ou a leitura de uma revista. Seria um estímulo ao empreendedorismo.

Condição econômica
e situação financeira

Nem sempre os filhos compreendem o que é condição econômica e confundem-na com a situação financeira.

A economia diz respeito à produção, distribuição e consumo de bens. As finanças são os recursos econômicos disponíveis sob a forma de dinheiro.

Uma família precisa ser autossuficiente em economia e finanças num mundo capitalista. Quem não estuda não investe na sua **economia pessoal**; não adquire conhecimentos; não aumenta sua competência profissional.

Conceitos corporativos

> Um filho que ganha tudo dos pais sem mérito algum acha que está bem de finanças, quando ele ainda não produz. O dinheiro está no bolso dele, mas não é dele. Está sob dependência financeira.

Se um filho não estuda, é preciso que os pais mudem de atitude com ele. Ou passa a estudar ou receberá somente o suficiente para viver em casa, com comida e roupas básicas, mas sem usufruir da riqueza dos pais com diversão, celular, carro e outras regalias. Isso não é vingança nem castigo, mas uma boa educação para receber somente o que merece.

O *salário* do *filho* **deveria ser usado para os pais amortizarem a** *dívida* **com sua** *manutenção.*

Alguns milhares de reais? Economicamente, o filho só está aumentando o prejuízo da família, pois ganha menos do que custa. E o pior, não está

IÇAMITIBA

se preparando para ganhar mais no futuro. Baixíssimo desempenho para ele. Tudo o que ele ganha deveria passar para os pais diminuírem a dívida com sua manutenção. Mesmo pagando uma parte, sua dívida seria sempre crescente. Ele está na contramão do progresso, construindo castelos no ar.

Lidando com dinheiro desde a infância

Infelizmente, alguns pais deseducam os filhos, dando a eles tudo o que querem. Mesmo que nada pese no bolso dos pais agora, qual o preço que futuramente vão pagar por não dar educação financeira aos filhos? Como eles vão aprender a lidar com dinheiro? Já vi filhos que acabam perdendo tudo o que seus pais construíram na vida.

Aqui vão algumas orientações fundamentais:

a. ensine a criança a não usar o dinheiro que não seja dela, mesmo que esteja com ela. O dinheiro do lanche não pode ser gasto com figurinhas. Isso será um desvio de verbas;

b. estabeleça uma quantia semanal para figurinhas e extras (revistinhas, balas, bexigas ou sorvetes). Ensine-a a conferir o troco;

Conceitos corporativos

c. se a criança não souber mexer com dinheiro, ainda não está pronta para andar com ele;

d. determine o que pode ser gasto mensal, semanal ou diariamente. Livros são investimentos dos pais em educação;

e. ensine o que é consumir e o que é investir. *Consumir* é usar uma vez só, por exemplo, ou usar e estragar no dia seguinte. *Investir* é comprar algo que vai durar e que poderá ser usado várias vezes. Portanto, o cuidado tem que ser maior;

f. crianças que vivem pedindo "vales" ainda não têm idade para receber mesada. Uma criança só consegue entender o período de uma semana porque a referência é o final de semana. Também não se deve aumentar a mesada só porque a criança gastou mais do que podia gastar;

g. dê uma carteirinha com moedeira para que a criança possa tomar conta do seu dinheiro. O dinheiro tem que ser bem cuidado, não pode ficar jogado no bolso ou na bolsa misturado a outras coisas. Muito menos se pode misturar dinheiro com comida, pois o dinheiro, mesmo não estando sujo, é contaminado;

h. ensine desde logo que a criança é dona do dinheiro e não o contrário. O valor da criança não está no dinheiro, mas no que ela consegue fazer com ele.

Visão de 360 graus

Ter visão de 360 graus significa ter capacidade de enxergar muito além da tarefa e do conflito que se coloca em determinado momento.

Quando um filho pede aos pais para experimentar drogas, cabe a eles dar uma resposta de 360 graus! Não se trata de dar uma aula ou palestra sobre drogas para o filho, mas é importante que pais e filhos procurem juntos o maior número de respostas possível.

Quando um filho pergunta, ele já tem noção da resposta. Melhor os pais saberem, primeiro, o que ele pensa para depois complementarem o que for preciso.

Qual a motivação do adolescente? O filho quer experimentar drogas por mera curiosidade, porque todos os amigos usam, segundo ele afirma? Os pais, por outro lado, temem que o filho se torne um viciado.

O risco de se tornar viciado realmente é muito grande. Cerca de 9% dos que experimentam drogas

Conceitos corporativos

> **Numa experiência prazerosa, o cérebro, pelo seu circuito de recompensa, faz com que a pessoa repita o uso, mas nem tudo o que é gostoso é bom**. Sabor é uma sensação subjetiva. Bom ou não é um critério racional baseado em resultados científicos.

não conseguem interromper seu uso, e efeitos do consumo de maconha incluem ataques de pânico, paranoia e sintomas psicóticos.

Qual o efeito da maconha para a família do usuário? Se a família é uma equipe, como ficam os pais no seu trabalho com um filho se drogando em casa? Como ficam seus estudos? Quem realmente saiu lucrando com a maconha, a não ser os traficantes? Qual a empresa que pagaria um funcionário para fumar maconha no serviço?

O que diferencia uma pessoa experiente (o pai ou a mãe) de uma pessoa inexperiente (o filho) é essa visão de 360 graus que um adolescente não tem.

Se os pais não têm os conhecimentos necessários, podem pedir ajuda a quem os tenha. Estarão passando aos filhos a importante lição de que "quem não sabe pergunta, mas não faz de qualquer jeito"! Caso contrário, as respostas inexatas que os pais derem vão fazer parte das certezas futuras dos filhos.

Pais experientes têm visão de 360 graus: têm de saber de que precisa o filho para depois ajudá-lo.

Responsabilidade e compromisso de uma função

Além do espírito de equipe e da visão de 360 graus, é importante que cada integrante da equipe conheça quais são as atribuições, responsabilidades e compromissos próprios da sua função.

Em uma equipe familiar, existem diferentes papéis e funções. A cada integrante cabe uma atuação específica, que tem que ser exercitada para corresponder quando solicitada. O desempenho familiar depende de cada membro da equipe.

Conceitos corporativos

> **Cumprir obrigações é fundamental para desenvolver responsabilidades e disciplina.**

Nem todos os filhos recebem comunicações diretas sobre suas obrigações. Se eles não as conhecerem, como podem cumpri-las? Não é bom comportamento um bebê estapear alguém. Se agir dessa forma, deve ser impedido e estimulado a fazer carinho. O bebê não bate para agredir, mas para fazer graça.

De uma criança, espera-se que vá para a escola e que brinque saudavelmente. Do adolescente, espera-se que vá para a escola, faça esporte, estude em casa, aprenda a se cuidar sem depender de outros adultos, que não use drogas, que não engravide, que respeite as normas familiares etc.

Não se espera que os pais durmam ou mamem no lugar das crianças, tampouco que desempenhem as funções dos seus adolescentes. Cabe aos pais acompanhar de perto as atividades mais importantes para a formação pessoal e profissional dos filhos. Cobrar obrigações feitas é fundamental para desenvolver responsabilidades e disciplina.

Para ter filhos, basta ser biologicamente fértil; mas para educá-los é preciso construir o papel de educador. Isso se faz priorizando a educação, lendo livros e artigos especializados, participando de palestras e trocando experiências com outros pais.

> **PARA LEMBRAR**
>
> **O que se espera de família de alta *performance* é que cada um dos seus integrantes faça e pense o melhor para si, para a família e para a sociedade.**

Sustentabilidade

Sustentabilidade é um termo relativamente novo. Significa preservar, ou prejudicar o menos possível, o equilíbrio existente entre o meio ambiente e as comunidades humanas. Passou a ser empregado com mais insistência a partir do momento em que os seres humanos exageraram no mau uso do planeta, que começou a diminuir sua capacidade de manter a nossa vida.

Se um adulto sabe que a alimentação está prejudicando sua saúde, não está sustentando

Conceitos corporativos

sua vida, mas sim o seu "problema". Se uma pessoa, para emagrecer, começar a ingerir menos calorias do que queima por dia, além de emagrecer, pode estar se desnutrindo. O corpo então produz calorias queimando músculos, e quando queima os músculos do coração, ela pode sofrer morte súbita. Em resumo, essa pessoa está diminuindo a sustentabilidade.

Se um adolescente só come batatas fritas, doces, pão, arroz, pouquíssima proteína, sais minerais e vitaminas, ele poderá desenvolver diabetes tipo 2.

Uma família que não investe no preparo dos seus filhos para o bom desempenho profissional, ou que permite que um filho deixe de estudar, está condenando a sua sustentabilidade. Não há herança que resista a quem não tenha bom desempenho administrativo.

Idosos colhem frutos tardios em sua vida. Ter uma moradia para receber

> **Comportamentos inadequados, violentos, destrutivos, retrógrados de qualquer integrante da equipe familiar podem prejudicar a família, que deixa de ser uma fonte saudável e renovável de vida.**

IÇAMI TIBA

seus netos sem pesar no orçamento de seus próprios filhos é resultado de uma vida com sustentabilidade. Este é um alto desempenho na idade avançada.

> **PARA LEMBRAR**
>
> Obter alto desempenho promove sustentabilidade.

Cidadania familiar

A família é um tipo específico de comunidade, cujo núcleo é o lar. Cada um dos seus integrantes tem seus direitos e deveres. Os pais são provedores e educadores, e os filhos, seus dependentes a caminho da independência.

Esta é uma missão quase divina, pois os pais partem do nada para construir cidadãos do mundo. As crianças herdam dos pais a língua, o sustento, a cultura, a ética. Os pais têm um prazo para tal construção, que é curto para eles, mas longo para os filhos.

Conceitos corporativos

Educação orquestrada tem mais *cidadania* familiar do que o *crescimento natural.*

Dissemos que há dois tipos básicos de formação: educação orquestrada e crescimento natural (p. 147). Entre os dois, há uma gama imensa de composições.

A cidadania familiar é uma prática pela qual nenhum integrante pode fazer em casa o que não deverá fazer na sociedade, e tem que praticar em casa o que deverá fazer na vida.

Uma criança deve aprender que a brincadeira somente acaba quando ela guardar os brinquedos e deixar o local tão arrumado quanto estava, para outras pessoas poderem usá-lo.

Isso inclui deixar a casa em ordem para que, ao chegar, a mãe não precise arrumar a bagunça que os filhos deixaram. Insisto: uma criança deve guardar seus brinquedos, assim como qualquer um de nós deve deixar o banheiro limpo depois de usá-lo.

No crescimento natural, a criança que não é educada desenvolve menos competência profissional e futuramente vai pagar caro este *carpe diem*[5].

---

5 Expressão latina, que significa "colha o dia" ou "aproveite o momento".

Quem não cumpre a sua parte

Ninguém deve prometer o que não pode cumprir, pois a equipe conta com o prometido e essa falha pode prejudicar toda a equipe.

Talvez pareça a um adolescente que não estudar não prejudicará ninguém, porque "a vida é sua e ele faz o que quiser com ela". Mas a vida não é só dele, pertence também aos que o amam. O existir sozinho não faz parte da vida humana. Qualquer adulto sabe que, para nascer, crescer e até adquirir sua independência, precisou de pais ou substitutos.

> **PARA LEMBRAR**
>
> Sempre é tempo de aprender a fazer a sua parte, e a onipotência juvenil não deve comprometer os deveres com a família.

É quase natural para o adolescente generalizar o mundo a partir de um ponto que ele conhece. Chama-se isso de onipotência juvenil. Não é o fato de um filho entrar num restaurante e escolher sozinho o que quer comer que faz dele alguém totalmente independente. Quem vai pagar o almoço? O filho

Conceitos corporativos

> **Um dos fortes alimentos da autoestima é a sensação de ser útil a alguém. Alta *performance* também se ensina.**

deveria ter sido ensinado a agradecer pelo que recebe.

Crianças que se recusam a fazer o que os pais solicitam estão mal educadas. Pais que consentem estão estimulando a má-educação, e não um bom desempenho. A falha está nos pais, que não exigiram que elas fizessem suas obrigações. Elas crescem prepotentes e interesseiras, sem espírito de cooperação.

Sempre é tempo de cada integrante da família aprender qual é a sua parte. O líder ou a família também deve exigir isso. Essa exigência faz parte do amor, pois o amor exige. Amor que é pura dádiva não educa.

Disciplina é competência realizadora

Nada é pior para o desempenho pessoal do que a falta de disciplina. Eugenio Mussak, autor do livro *Caminhos da mudança*, é um grande especialista

IÇAMI TIBA

nesse assunto, e suas palavras são um convite para nossa reflexão:[6]

> "Ter disciplina pessoal significa decidir o que precisa ser feito e fazer... não pode depender da vontade daquele momento... tem que depender da decisão... porque vontade é emocional... decisão é racional... o comandante deve ser o racional pois é ele que tem o discernimento sobre o que é bom e o que não é bom... emocional só sabe diferenciar o agradável do desagradável... e isso não serve para grandes decisões."

A falta de disciplina pode existir também pela falta de educação. Os pais e as escolas prejudicaram a formação da disciplina com sua tolerância e poucas exigências. É como se não tivessem exercitado os **músculos da disciplina** que, sem treino, tornaram-se fracos e pouco resistentes às exigências do dia a dia.

A educação do sim resulta em um excesso de permissividade, transformando músculos em gorduras que não aguentam arcar com responsabilidades sem desmanchar.

6 MUSSAK, E. *Caminhos da Mudança*. São Paulo: Integrare, 2008.

Conceitos corporativos

> **PARA LEMBRAR**
>
> Vontade é emocional, decisão é racional.

São os "parafusos de geleia", jovens que "espanam" diante de uma solicitação mais consistente. Não suportam os apertões da vida, como ter que estudar, ser contrariado, resistir a um ritmo de trabalho, suportar competição etc.

Para exercer cidadania é preciso disciplina, tão necessária também para os pais educarem seus filhos, sabendo que esse é um investimento de longo prazo. Disciplina é o cimento na construção da alta *performance*.

A falta de ética e a impunidade

Os pais podem saber que desviar verbas é antiético e muitos não desviariam se houvesse maior vigilância e controle.

> **UM EXEMPLO SIMPLES**
>
> Zezinho não sabia que feriu a ética ao gastar o dinheiro do lanche comprando figurinhas. Os pais talvez nem perceberam que houve desvio de verbas doméstico. Zezinho falhou na responsabilidade de usar dinheiro que não era dele e que, portanto, não poderia gastar a não ser com o lanche.

Os pais atentos não permitem que aconteça em casa o que não pode ser feito fora de casa. É a construção da cidadania ética. Muitas vezes falta, na educação familiar, ressaltar a importância da ética no comportamento de todos.

Transparência é requisito da alta performance.

Para quem tem a prática da ética, a transparência é uma das maiores virtudes. A verdade tem mais valor que se livrar de uma infração com base em uma mentira. A conduta ética traz mais autoconfiança, e a transparência melhora a autoestima, levando ao sucesso.

Ética: uma questão de educação

Mesmo que seja pouco usada, a lei pune pessoas que não usam ética nos seus comportamentos e nas suas ações, tirando-lhes a liberdade ou multando-as. Mas ao menor nada acontece; seus pais é que são responsabilizados.

A impunidade *deseduca.*

Para a educação do filho, pouca serventia tem castigar seus pais, fazendo-os pagar multas e cestas básicas. O que o filho aprende com isso? Nada, pois nada lhe custou.

O que realmente ensina ética a um filho é assumir as consequências dos seus atos. Mas simplesmente castigar (surrar, tomar de volta o que já foi dado) não educa e não desenvolve a ética.

Perdoar, fingir que não percebeu, poupar etc. também não ajuda na educação dos filhos. **A impunidade deseduca**, por maior amor que haja. Na educação, combinam-se as consequências.

OUTRA HISTÓRIA

Há alguns anos, em Curitiba, dois rapazes tiveram de lavar orelhões pichados, sob a vigilância de dois guardas. A autoridade legal fez os rapazes lavarem com as suas próprias mãos o que eles sujaram. Isso se chama ensinar as consequências. Os rapazes devem ter aprendido o trabalho que dá arrumar o estrago que fizeram.

IÇAMITIBA

Quem faz pichações não pode contar o que faz, portanto não tem alto desempenho.

A ética vem de casa

Arcar com as consequências significa usar recursos próprios para neutralizar prejuízos. Se alguém estragou algo com as mãos, é com elas que terá que consertar.

Quebrou, tem que consertar. Não consegue arrumar com as próprias mãos? Com a mesada, o filho que pague a alguém para fazer por ele. Se não tiver mesada, ele deve pagar com outros serviços caseiros.

Não fez a lição? Está proibido de fazer qualquer outra atividade enquanto não terminar a lição. Ninguém morre de fome por perder uma refeição. Não vai dormir enquanto não terminar. Se dormir, vai ser acordado. Não tem que deixar para depois.

Estava fazendo birra na loja de brinquedos? A mãe

> Quebrou e não sabe consertar? Não fez a lição? Fez birra na loja de brinquedos? Os filhos têm que aprender as consequências de suas ações.

> **PARA LEMBRAR**
>
> Rebeldia não consegue aumento de salário nem promoções.

ou o pai devem sair da loja sem comprar nada, sem conversar com o birrento. Simplesmente devem dar as costas e sair da loja rapidamente.

Há pais que desanimam e aceitam a birra, por achar que o filho não tem jeito mesmo, ou por falta de paciência. Essa atitude alimenta a transgressão e faz que os pais percam a autoridade educativa. Quem consegue um resultado usando birra não tem alta *performance*, pois está tiranizando quem a ela se submete.

Ensinando ética ao bebê

Não devemos ficar desesperados por não conseguir controlar tudo o que um bebê faz. Isso seria impossível e um desgaste absolutamente desnecessário. Mas nem por isso vamos deixar de ensinar à criança que existem coisas que ela não pode fazer.

Ela tem que aprender a entender o significado da palavra não. Se a mãe leva um soquinho do bebê no rosto, deve dizer "não" para que o bebê não lhe bata no rosto, mesmo que tenha que segurar firmemente seu bracinho.

Se o bebê não sabe, então ensinemos a ele como fazer carinho, passando a mão no rosto e não batendo de volta. Não permita que ele faça errado uma outra vez. Tal permissão desautoriza o já aprendido.

Numa casa onde o pai diz vinho e a mãe diz água, o filho desanda!

Os pais devem escolher qual o "não" que deve valer. Um filho não atende a uma proibição quando os próprios pais não a cumprem.

Pais dizerem não a todo momento é sinal de baixo desempenho, pois, nesse caso, raros são os "nãos" a que o filho obedece. Já vi e ouvi mães respondendo "não" automaticamente, sem saber o que estavam negando.

Se uma mãe ordena, todos à sua volta têm de obedecer. Isso vale também para o pai, os avós, seja quem for. Quando a mãe diz "não" e o pai diz "sim", isso atrapalha o aprendizado do filho.

Numa casa onde o pai diz vinho e a mãe diz água, o filho anda para trás! Um filho assim reduz o desempenho familiar.

Enganos dos pais ao educar

Repetir o mesmo ensinamento é *erro*; eles já *sabem*, mas *não o praticam.*

Um grande engano dos pais é repetir o mesmo ensinamento várias vezes. A maioria dos filhos faz o que não é permitido não por desconhecimento, mas por desrespeito ao que foi ensinado. Uma queixa bastante comum das mães é que os filhos não lhes obedecem, mas obedecem ao pai.

Observei muitas mães "mandando" um filho parar com o que estava fazendo. Mas eram súplicas, e não ordens. Depois da "ordem-súplica", a mãe continuava olhando para o filho e seu olhar acabava permitindo que o filho retrucasse. Diante disso, o que faz uma criança? Implora, insiste, contra-argumenta, faz birra, grita, chora, esperneia, se

IÇAMITIBA

joga no chão, faz o diabo para que a mãe volte atrás na sua ordem. Se a mãe continuar olhando, esse olhar funciona como um desafio a ser vencido pelo filho.

> **PARA LEMBRAR**
>
> Uma "ordem-súplica" funciona como um desafio a ser vencido pelo filho.

Se o filho continua insistindo é porque leva a sério a ordem que a mãe deu, só está tentando demovê-la. Se não tivesse acatado, o filho continuaria ignorando-a. A insistência da mãe em dizer não fortalece o filho a continuar na sua luta.

Quando diz "não", a mãe deve levantar-se e sair do campo do olhar do filho, como quem diz: não vou ouvi-lo, portanto, trate de obedecer. Zero de desempenho para a mãe que repete ordens já dadas.

A má-educação financiada pelos pais

A falta de conhecimento e o comodismo têm levado muitos pais a cobrar unicamente da escola a educação de seus filhos, esquecendo-se de que essa responsabilidade tem de ser dividida, principalmente por uma condição básica:

> **Para os pais, filhos são para sempre. Para a escola, os alunos são passageiros.**

> **Assim, a escola tem 30%, e os pais 70% de responsabilidade pelo rendimento escolar dos estudantes. Os alunos melhoram muito seu desempenho escolar quando os pais acompanham de perto sua educação.**

O professor tem às vezes parcela de responsabilidade, mas existem muitos outros fatores que prejudicam os alunos no desenvolvimento de sua aprendizagem, e a consequência dessa deficiência recai não apenas sobre o aluno, mas também sobre a *performance* familiar.

Como nem todos os pais têm iniciativa ou condições próprias para acompanhar a vida escolar dos filhos, eles ganhariam se participassem da associação de pais e mestres (APM) da escola.

Caso não exista uma associação desse tipo na escola do seu filho, esta pode ser uma grande motivação para iniciar uma. Um grupo de pais tem mais força e ação perante a escola, e principalmente perante os filhos, do que pais isolados.

> Fatores que prejudicam a aprendizagem:
>
> - conflitos familiares;
> - falta de estrutura e estímulo para os filhos estudarem em casa;
> - pais sem instrução que não conseguem valorizar estudos;
> - pais alcoólatras;
> - miséria.

Enfrentando a lambança que o filho apronta

Agora, chega! Encontre outra coisa para fazer!

Uma ordem tem que vir com voz, olhar e atitude imperativa. Depois de uma ordem, o adulto deve

Enganos dos pais ao educar

> Se o filho correr atrás da mãe para embirrar, a mãe deve cortar: Agora, chega! Vá fazer outra coisa!

sair de cena para não permitir nenhuma contestação. O filho precisa sentir na pele que a proibição é para valer e que retrucar não será permitido.

Se a mãe agir dessa forma, com energia e coerência, estará cumprindo a sua parte, e o filho aprenderá que não vale a pena fazer certas coisas.

Passada a crise, com os ânimos acalmados, a mãe deve:

a. fornecer uma única razão para a proibição;
b. combinar uma consequência, caso a ordem não seja cumprida. Isso quer dizer que, se o filho repetir o comportamento, perderá algo combinado;
c. E a partir desse momento não haverá mais explicações, só aplicação das regras.

IÇAMI**TIBA**

É de bom senso familiar que no show que o filho está aprontando ninguém deve interferir, mesmo a pedido da criança. Avós, tios, madrinhas, seja quem for, geralmente acabam atrapalhando, pois mais agradam ao transgressor que ao educador.

> Proibição justificada deve ser proibição cumprida.

Quem não concordar que faça diferente em sua própria casa. Isso é importante, pois mostra ao filho que há lugares menos ou mais permissivos, como a casa dos avós, por exemplo.

> Filhos que respeitam os lugares que frequentam são mais felizes e éticos do que os que vivem fazendo o que querem.

Vantagens de quem chega primeiro

Mesmo que sejam dos mesmos pais, filhos são diferentes entre si, além das diferenças naturais

Enganos dos pais ao educar

> Quando o irmão caçula acorda, ele vê e sente o dedo do mais velho entrando nos seus olhos. Como vai ser a visão de mundo desse filho?

de idade e de sexo. Portanto, erram os pais que dão o mesmo tratamento para filhos diferentes.

Quando o primeiro filho, ao nascer, abre os olhos, vê um mundo receptivo. É um rei com muitos súditos adultos à sua disposição para servi-lo.

Quando nasce o segundo filho, naquele ambiente já reina uma criança que o recebe com discreta desconfiança ou uma grande hostilidade.

Além das diferenças, existem as tendências naturais das crianças. Na maioria, elas nascem com potencial de desenvolvimento das habilidades. Quando uma habilidade é muito grande, dizemos que a pessoa tem talento, nasceu com o dom ou simplesmente tem aptidão.

Em locais onde as escolhas ocorrem ainda na infância, os que nasceram em janeiro são os maiores e mais velhos, se os limites estabelecidos forem por ano de nascimento. Se jogarem no mesmo time, será escolhido o mais velho, que sobressai perante os demais.

içamiTIBA

O escolhido receberá todos os estímulos, facilidades e treinos que ao menor não será oferecido. Ora, com dez mil horas de prática, qualquer pessoa normal pode se tornar um especialista, uma pessoa de alta *performance*, em qualquer atividade.

> Entre os 25 melhores jogadores de hóquei do Medicine Hat Tigers, em 2007, os nascidos no primeiro trimestre do ano eram 14, no segundo, eram 6, no terceiro eram 3 e no último, foram 2. Com essas informações que estão no livro *Fora de série*, Malcolm Gladwell demonstra que os melhores jogadores são os mais velhos da turma.

Relacionamentos entre irmãos

Para o mundo corporativo, pouca diferença faz se o funcionário é ou não um primogênito. Teoricamente todos eles são iguais e absorvidos conforme suas competências e produtividade.

Enganos dos pais ao educar

> **Para a lei, os direitos são iguais para todos os filhos. Mas dentro de casa, não é bem assim.**

Para a lei, a ordem do nascimento também não interfere nos direitos iguais que todos têm entre si, inclusive os filhos DNA e adotivos. Mas pode haver grandes diferenças dentro de casa.

Os irmãos pequenos reclamam que os maiores podem fazer tudo, e eles, nada. Os maiores reclamam que os menores sempre levam mais vantagens, são mais protegidos, os queridinhos dos pais etc. Reclamações à parte, nunca nenhum filho vai receber tanta atenção e ter pais tão inexperientes quanto um primogênito.

David Servan-Schreiber, autor do livro *Anticâncer: prevenir e vencer usando nossas defesas naturais,* dá um depoimento tocante de um primogênito:
"Eu nasci primogênito de um primogênito. Mal saído do ventre da minha mãe, me retiraram de seus braços e de seu seio, julgados insuficientes, para me confiar ao berçário, às puericultoras e ao leite artificial, considerados "mais modernos". Tudo isso parecia mais apto a proteger aquela criança que iria garantir a perenidade da linhagem familiar".

IÇAMITIBA

A relação do primogênito com seus irmãos longe dos pais, geralmente imita a relação que os pais têm com ele. Se os pais forem autoritários, o primogênito também o será com seus irmãos.

Feedbacks educativos

Feed significa alimento em inglês e *back*, retornar. Portanto, *feedback* pode ser entendido como retroalimentação de sentimentos e pensamentos.

Os pais educadores têm que dar *feedback* para as ações dos filhos. Antes, os *feedbacks* serviam para criticar os erros, hoje mostram ao filho o que o pai sente em relação ao que este fez ou está fazendo.

Portanto, o *feedback* é uma expressão de sentimentos e não uma crítica ao filho, como no passado recente. Através do *feedback* dos pais, os filhos aprendem a lidar com as sensações que provocam em outras pessoas.

> **PARA LEMBRAR**
>
> *Feedback* é falar o que se pensa e o que se sente sobre o que o outro faz.

> **PARA LEMBRAR**
>
> Onde existe *feedback*, o desempenho das relações melhora muito.

Esses *feedbacks*, feitos com gentileza e amor, permitem que os filhos se reorganizem, se reposicionem e fiquem atentos para conseguir melhores resultados em suas relações. Os *feedbacks* são muito educativos. Permitem aos filhos ir além das palavras para chegar à emoção, percebendo o que não foi dito.

Faça o filho fazer!

Vem cá, meu nenê, que eu cuido de você!

A maior realização da mãe é ver que o nenê está bem, e para isso cuida não só do corpinho dele, mas também de todo o território onde ele vive. Cuida do berço, do ambiente, da comidinha, da roupa, de tudo.

A mãe parece esquecer que nenês viram gente grande. E permanece fazendo tudo para eles. O

IÇAMI TIBA

adolescente é o "menino" dela, e o adulto, quando adoece, vira nenê também. Ela o traz para o colo, dizendo: Vem cá, meu nenê, que eu cuido de você!

Os filhos precisam desenvolver a própria competência e, para isso, é preciso que essa mãe delegue poder aos filhos. Eles que comecem a fazer tudo o que conseguirem. O primeiro passo é pedir aos filhos que a ajudem. Quanto mais eles ajudarem, mais preparados estarão para fazer também para si o que precisarem. Para tanto, a mãe terá que deixar de fazer pelos filhos e exigir que eles mesmos façam.

> Debaixo de um *folgado* tem sempre um ser *sufocado*. A sufocada é que constrói o folgado. Ela também deve deixar de se submeter ao folgado. Alto desempenho é, acima de tudo, pensar e fazer o melhor possível. E só se aprende a fazer fazendo!

Pai não é ajudante da mãe

Paternidade é uma função própria do pai, com direitos e obrigações familiares importantes. Pai não é coadjuvante da mãe, é seu complementar.

Para os filhos não interessa se é a mãe que está muito ativa ou se o pai é muito passivo. O que eles precisam é de pai e de mãe. Neste ponto, alguns pais reclamam que suas mulheres os tratam como se fossem filhos.

> – Ajude aqui, por favor, fique um pouco com as crianças!
> O pai acha que está apenas ajudando a mãe e não se sente fazendo a sua parte. Muitos pais nada fazem se suas mulheres não pedirem.

Paternidade é a atitude de estar pronto a atender seus filhos, sem esperar que a mãe peça. Um pai acomodado, além de não ser um bom exemplo na família, estimula o filho a explorar a mãe. Numa família assim pode se estabelecer uma

PARA LEMBRAR

Um bebê cuidado pela mãe e pelo pai cresce com menos preconceitos e com menos machismo. Essa família parece estar desenvolvendo alta *performance*.

confusão entre pai acomodado/pai bonzinho e mãe ativa/mãe rabugenta – quando na realidade o pai é negligente e a mãe ativa é obrigada a cobrar as obrigações de todos.

Fica muito clara essa situação quando uma mãe reclama que ela é a **pãe** da família. Ela tenta preencher também as funções de pai, o que é impossível e indesejável. Pai é pai, mãe é mãe.

Há muitos homens, no entanto, que já assumem bem mais seu papel. Muito longe de querer substituir a mãe, eles querem tomar parte na educação do filho. Já reparei em um passageiro que, em pleno voo, trocava as fraldas de seu bebê, que deveria ter um ano de idade. A mãe não estava presente.

Como dez mil horas constroem alta *performance*

Malcolm Gladwell, que já citamos anteriormente na p.197, faz um questionamento bastante instigante para todos os pais. Por que algumas pessoas têm sucesso e outras não? Ele revela o segredo: bastam dez mil horas de prática para se adquirir excelência em qualquer atividade.

Enganos dos pais ao educar

- Mozart produziu suas maiores obras após 20 anos de prática.
- Quando os Beatles estouraram, em 1964, já tinham feito cerca de 1.200 apresentações ao vivo. Só em Hamburgo, em um ano e meio, eles tocaram 270 noites.
- Bill Gates, quando deixou Harvard para fundar sua própria empresa de software, já tinha ultrapassado bastante as dez mil horas.

O que aconteceu com as pessoas que aniquilaram seus talentos, dons, aptidões, habilidades? Por alguma razão não completaram dez mil horas. Por falta de motivação, de disciplina, pelo uso de drogas, por casamentos malsucedidos, ou por causa de gravidez precoce, problemas de saúde, depressão?

Realmente, dez mil horas é bastante tempo. Conforme Gladwell, isso equivale a três horas por dia de prática durante dez anos.

A maioria dos filhos de hoje se dedica àquilo de que gosta apenas durante um curto período. Dificilmente perseveram numa atividade que começa a exigir empenho, superação de dificuldades, sacrifícios extras. Com a mesma facilidade

> **Mérito não é herança. É conquista!**

IÇAMI TIBA

com que iniciam uma atividade, abandonam-na para correr atrás de outro sonho. Estão cheios de iniciativas, mas nada terminam!

Quanto tempo de trabalho foi gasto para um pai chegar ao sucesso que tem? Essa experiência é o seu mérito. Não se pode nem se consegue passar o mérito por herança para ninguém. É preciso que cada filho construa o seu mérito. Ninguém faz sucesso sem mérito.

Fazer e manter amigos

Verdadeiras amizades **sempre** *enriquecem* **os desempenhos.**

Amizade é um sentimento fiel de afeição, simpatia, estima ou ternura entre pessoas que geralmente não são ligadas por laços de família ou por atração sexual. É uma manifestação de amor.

Amigos são de livre escolha mútua. Amizade não se impõe, ela se desenvolve entre duas ou mais pessoas criando um vínculo forte que está ancorado em:

- confiança e boa intenção;
- intenso sentimento afetivo de bem-querer;
- sentimento descolado materialmente das condições étnicas, culturais, financeiras, sociais, religiosas ou profissionais;
- visar única e exclusivamente ao bem-estar por meio da ajuda, do compartilhamento de alegrias e sofrimentos, comemorações e preocupações.

Verdadeiras amizades sempre enriquecem os desempenhos, pois ninguém é sozinho neste mundo. Para ter amizade, é preciso ter relacionamentos saudáveis numa convivência desinteressada de ganho, mas que resulta num ganha-ganha.

Quem tem comprometimento psiquiátrico (depressões, esquizofrenias químico-dependentes, autismo etc.), personalidade muito interesseira ou puramente egoísta, não consegue fazer e muito menos manter amigos. O desempenho em seus relacionamentos é praticamente nulo em amizades, pois as que se mantêm ficam graças aos seus familiares.

IÇAMI TIBA

Amizade infantil

Em todos os locais onde se juntam crianças, o que rege a aproximação delas é a empatia ou afinidade de um interesse comum, como tipo de brincadeira, diversão, esporte, desenho etc. Quando estão juntas nessas escolhas, elas sentem o coleguismo, e finalmente a amizade.

Estes locais são a escola, parquinhos ou clubes e normalmente são escolhidos pelos pais, pois as crianças são suas dependentes naturais. Assim como proporcionam esses relacionamentos, a manutenção deles também depende dos pais. Se por algum motivo a família se afasta, muda de bairro, de cidade, as crianças interrompem seus relacionamentos.

Independentemente dessas situações, a regra geral é que os pais ajudam seus filhos a estabelecer algum grau de coleguismo ao proporcionar que eles frequentem o mesmo ambiente de outras crianças. Porém, a escolha da amizade depende delas e, mais

> É papel dos pais escolher ambientes adequados para os filhos se socializarem.

ainda, a manutenção dessa amizade. Ninguém quer ficar amigo da criança muito chata, egoísta, que impõe somente a sua vontade ou bate nas outras.

Do ambiente, a criança pode trazer piolho, que os pais devem combater. Assim, também ela pode vir com "piolhos e contágios" comportamentais, que são inadequados à educação que os pais estão dando. Crianças trazem para casa comportamentos que viram "lá fora". Cabe aos pais então corrigi--los para não prejudicar o desempenho familiar.

Amizade de adolescentes

A adolescência
é um segundo parto.

Não se educam crianças e adolescentes da mesma maneira. Os filhos são os mesmos, mas nas etapas de vida diferentes, eles também serão diferentes.

Nada é mais sagrado aos adolescentes do que eles próprios escolherem seus amigos. O adolescente que não consegue ter e manter amigos sofre muito, pois é essencial tê-los.

IÇAMI**TIBA**

A adolescência é um segundo parto, um nascer da família para entrar na sociedade com as próprias pernas.

Coleguismo é um sentimento que existe entre pessoas, mas as atividades entre colegas são mais importantes do que eles mesmos. Mudam-se os colegas, mas as atividades permanecem. Por outro lado, na amizade, as pessoas são mais importantes que as atividades: mudam-se as atividades, mas a amizade permanece.

Assim, os pais podem mudar de bairro, de país, de clube, mas os amigos dão um jeito de se encontrar, presencial ou virtualmente. Eles já não dependem mais de onde os pais estão. Agora, porém, os piolhos e contágios comportamentais são mais sérios, pois os adolescentes não querem mudar

> **PARA LEMBRAR**
>
> Incentivar o desenvolvimento do coleguismo e da amizade em seus filhos é ferramenta de bom desempenho futuro. Mas a preservação da autoridade educacional dos pais também é imprescindível.

seu jeito em casa. Os pais não podem, nem devem, perder a autoridade educacional para não prejudicar o desempenho familiar.

Existem comportamentos inaceitáveis, como o uso de drogas, as transgressões às leis, o não cumprimento dos deveres sociais e escolares etc. Como funcionaria um time de futebol com um dos jogadores parado num canto fumando maconha? Ou cometendo pênaltis a todo instante?

Amizade e excitação sexual

Jovens podem confundir *excitação* sexual *com amor e amor com* amizade.

Atração sexual pode surgir à primeira vista. Se a mulher estiver ovulando, o organismo dela se prepara todo para atrair machos. É o instinto sexual feminino em ação, manifestações do estrogênio. Se um homem vê uma mulher sedutora, ou bonita, ou simpática, ela pode despertar nele seu instinto sexual. É a testosterona se manifestando.

IÇAMITIBA

Tudo isso em qualquer idade, desde que haja níveis hormonais compatíveis.

Jovens podem confundir excitação sexual com amor e amor com amizade. O amor conjugal (conjunção corporal) é a sofisticação humana da excitação sexual. Ocorre entre os gêneros masculino e feminino e é bem maior, mais amplo e mais duradouro que a atração sexual.

Após um orgasmo masculino, a atração sexual pode diminuir, mas não o amor.

Muitos jovens se sentem perdida e eternamente apaixonados por alguém, até se interessarem por outra pessoa, com quem repetem a história. Paixões desse tipo duram em média dois anos nos adultos, mas para os jovens tudo acontece muito mais rápido.

Quando, para além da excitação erótica, desenvolve-se a amizade, tudo fica mais lindo. E mais lindo ainda fica o relacionamento quando se envolve o amor, como na história do casal de namorados Romeu e Julieta, no clássico de William Shakespeare.

O melhor amigo

Há jovens que nunca tiveram um verdadeiro amigo. O melhor amigo é um critério quantitativo da qualidade da capacidade de relacionamento chamada amizade, uma classificação altamente subjetiva. Um jovem pode considerar o melhor aquele com quem estiver em companhia mais constante, e os pais podem achar que o melhor é aquele que tem a melhor conduta.

Um amigo é um outro eu com quem o adolescente se compara, compete, identifica-se, une-se, debate ideias, projetos e sonhos, companheiro para aventuras arriscadas, a quem fala abertamente das suas paixões e preocupações, ouve sugestões, atende seus pedidos, numa confiança total

> Quando os pais orientam os jovens para procurar pessoas melhores para fazer amizade, cometem dois erros:
>
> **a.** interferem na amizade dos filhos;
> **b.** dizem-lhe para serem "piores" da turma", já que os "seus amigos" têm que ser melhores.

IÇAMITIBA

nunca antes tida com qualquer outra pessoa, mesmo com os próprios pais e irmãos. A criança leva o sobrenome dos pais consigo, mas o adolescente quer criar o seu próprio nome ou apelido.

> Para o adolescente, o melhor amigo é a prova de sua capacidade de se relacionar em alto nível.

Adolescentes adoram a escola, mas o que os atrapalha são as aulas; quer dizer que os adolescentes adoram ir para onde encontram outros adolescentes, onde estarão seus amigos. O local não importa tanto quanto as pessoas que vão encontrar.

Turma dos jovens

A turma mantém uma solidariedade interna praticamente indevassável.

Por isso é costume dizer que adolescentes andam em bandos, ou seja, turmas. Cada adolescente tem a sua e nela encontra seu lugar, seu modo de ser, fazer e acontecer. É uma organização social-juvenil, pois tem o seu chefe, em geral, o adolescente mais astuto, ousado, aventureiro e que acaba qualificando o comportamento grupal.

A turma mantém uma solidariedade interna praticamente indevassável por pais, educadores e outras autoridades. É uma espécie de código de honra que os preserva contra tudo e contra todos que se oponham a qualquer um dos seus integrantes.

A turma pode ser do bem ou do mal. As do bem são mais abertas, sem muitos segredos, praticam ações comunitárias. Geralmente seus pais também são do bem. As do mal são fechadas, pois cometem muitas transgressões, mesmo que seus pais sejam do bem.

São características das turmas transgressoras:

a. brigas por territórios;
b. leis internas severas;
c. traições fortemente castigadas;
d. deserções condenadas;
e. maior uso de drogas.

Mesmo que seus componentes escondam dos pais os conteúdos do que fazem nas ruas ou nas casas onde os pais não estejam presentes, eles demonstram a adesão ao bando porque vestem roupas, como um uniforme do bando, têm comportamentos muito diferentes dos irmãos e/ou dos pais, usam gírias próprias etc.

Os pais não são os melhores amigos dos filhos

Ser o melhor amigo não é fácil, pois isso depende do outro.

Quando um filho está em apuros, os pais, geralmente o pai, tenta ajudá-lo dizendo "você pode confiar em mim, sou o seu melhor amigo!"

Fico com pena do filho que ouve esta fala porque significa que ele não escolheu seu melhor amigo, que o pai não está considerando bem as amizades que o filho tem e, principalmente, porque fica a dúvida: "Então, seu pai quem será?"

Enganos dos pais ao educar

O filho pode ter quantos amigos quiser, mas pai ele só tem um; mesmo que sua mãe case outra vez, o marido dela não é o pai. Lamento pelo pai que precisa dizer que é o melhor amigo, pois um amigo mesmo não se diz melhor que os outros.

> Se o filho diz, como diria a seu melhor amigo, que experimentou drogas, o pai deixa imediatamente de ser o melhor amigo e volta a ser pai, educador, contrariado, ou até mesmo bravo e decepcionado. Tais sentimentos nenhum amigo teria.

É preciso que o pai confirme que é pai, mas deixe claro que ninguém na vida irá ajudar o filho como ele. Uma ajuda de longo prazo, que arca com os prejuízos, com os sofrimentos, com a responsabilidade de pai.

Um pai que vive meio ausente, que não acompanha de perto o filho, e que de repente se diz melhor amigo, tem baixo desempenho de pai, e mãe que tenha que colocar o pai nesta situação tem baixo desempenho como mãe.

Desenvolvendo a alta *performance*

Não é o treino que leva à competição, mas a competição que melhora as marcas dos treinos.

Erasmus Darwin já acreditava que as plantas e os animais evoluíam. Mas foi seu neto, Charles, que explicou e comprovou que a evolução das espécies se dava pela seleção natural, isto é, sobrevivia aquele que se adaptasse melhor ao ambiente.

Um pai que nunca pegou um livro e deseja que seu filho seja um estudioso conseguirá menos resultados que aquele que cresceu folheando livros. Para gostar de ler é preciso ter afinidade com os livros.

Se não há livros no ambiente, não se desenvolve a afinidade. Pais que gostam de ler transmitem esse gosto aos filhos facilmente.

> Sem livros, nem ninguém em casa que transmita o gosto de ler, será difícil o filho realizar o sonho desse pai.

Desenvolvendo a alta *performance*

Para aderir, é preciso gostar. Desenvolve-se mais facilmente quando se gosta do que se faz.

Não é o treino que leva à competição, mas a competição que melhora as marcas dos treinos. Que seria de um Bill Gates, se tivesse nascido e sido criado isolado em uma vila esquecida do mundo?

> Talento + 10 mil horas... = alta *performance*

Existe, é claro, o talento natural, mas pouco serve se sobre ele não houver o exercício, a prática constante e o meio propício. Entre os talentosos destacam-se os empenhados. Basta reparar como têm porte físico semelhante os melhores nadadores do mundo, todos talentosos. O que os diferencia é o treino, as 10 mil horas...

Tudo pode mudar...

Mudanças são boas quando trazem acréscimos.

IÇAMITIBA

Enquanto houver vida, há possibilidades de mudança. É o que diz Eugenio Mussak, um dos maiores pensadores do nosso tempo, no seu livro *Caminhos da mudança*. Mais que um tempo de mudanças, vivemos uma mudança de tempo, e mudanças são boas quando trazem acréscimos à nossa vida.

> **PARA LEMBRAR**
>
> **a.** Talento ajuda, mas destaca de outros talentosos;
> **b.** O que vale mesmo é o esforço;
> **c.** Às vezes os pais se frustram, pois não percebem isso.

É tempo de mudança. O mundo pode se condoer da infância mal vivida de alguém, mas

> Nenhum empregador ou cliente aceitará falhas nas suas funções com desculpa de ter tido uma infância ruim ou de não ter estudado. O mundo do trabalho profissional não aceita desculpas nem explicações sobre os erros. Ou corrige, ou simplesmente será descartado pelo mercado.

Desenvolvendo a alta *performance*

não o tratará como um filho chorão, ou birrento, ou carente. O mundo se inclina para os mais competentes.

Esmolas não estimulam o *crescimento*.

As mudanças chegaram às famílias e lhes disseram: Se você fizer por ele o que ele tem que fazer, em vez de ajudar, você estará aleijando o filho.

Ninguém pode ter alto desempenho sendo somente teórico, já que a sabedoria é a prática. Na teoria tudo é possível, as hipóteses são verdadeiras e os sonhos são realizáveis. É a prática que viabiliza os sonhos.

> É comum os pais me perguntarem se é possível educar um adolescente, pois eles já perderam as esperanças de que seu filho melhore. Minha resposta é sempre positiva. Sim, é possível, desde que haja mudança de atitude. O passo seguinte está para ser dado, portanto, pode ser mudado. Alto desempenho se alimenta da esperança de melhorar a cada passo, e não de repousar sobre as glórias dos passos já dados.

Sentimentos, pensamentos, palavras e ações

A qualidade e o objeto dos sentimentos são aprendidos.

O ser humano já nasce sentindo sensações físicas como calor/frio, saciedade/fome, tranquilidade/dor, conforto/desconforto etc. No conforto, o recém-nascido fica sossegado ou dormindo. No desconforto, ele se agita, geme, chora. A mãe aprende assim a identificar fome, sede, fralda molhada, frio etc.

Sensações físicas como prazer/desprazer, conforto/desconforto são biológicas e pertencem ao nosso lado animal. Sentimentos são características humanas, que se aprende no decorrer da vida.

Seletor dos pensamentos

A qualidade dos pensamentos revela mais o caráter de uma pessoa do que suas palavras. As palavras podem ser mais bem controladas que os pensamentos, pois é por elas que a mente se manifesta.

Tanto a palavra quanto a ação dependem do que uma pessoa pretende. Portanto, é a mente que comanda o que a pessoa fala ou faz, através de sua capacidade de comando.

Quando uma pessoa deixa escapar algo ou comete um gesto inesperado, diz-se que ela cometeu um ato falho. Alguns acreditam que esses atos revelam o inconsciente das pessoas, portanto não são atos falhos, mas verdades do inconsciente.

Pensamento é uma ideia mais organizada, com base mais real que simples ideias soltas e descom-

Capacidades de comandos da mente:

- pensar;
- imaginar;
- calcular;
- questionar;
- compreender.

prometidas que vêm livremente à mente. Quando um filho fala ou faz algo absurdo é comum os pais ensinarem: pense antes de falar (ou de fazer).

> O seletor desenvolve padrões éticos, religiosos, sociais, familiares e outros.

Muitas vezes o erro não está no pensar, mas numa situação superior que avalia o próprio pensamento, que vou chamar de seletor. Os pensamentos conscientes são selecionados por ele, pré-avaliados, antes de saírem pelas palavras ou ações.

É o seletor que permite que alguns pensamentos sejam praticados e outros, não. É nele que se desenvolvem todos os nossos padrões de comportamento. Portanto, é esse seletor que deve ser educado pelos valores permanentes da família.

Seletor de pensamento criacionista ou evolucionista

Se uma família é devota a Deus e nele acredita, sua compreensão de mundo é criacionista. Os pais aprovam e/ou reforçam os comportamentos e palavras criacionistas dos filhos, podendo reprovar ou condenar o evolucionismo. Os filhos aprendem com os pais o criacionismo, principalmente se estes forem praticantes. Mais tarde, o criacionismo fará parte do seletor de pensamentos. Então os pensamentos e comportamentos passarão a ser criacionistas até desenvolverem uma crença própria.

Se outra família acredita na Teoria da Evolução das Espécies, criada há 150 anos por Charles Darwin, sua compreensão de mundo é evolucionista. Assim, sua educação estará voltada ao evolucionismo, e é em função dele que o seletor de pensamentos agirá.

Os criacionistas e evolucionistas podem viver em harmonia em muitos pontos. Somente quando

---

PARA LEMBRAR

• **Criacionismo:** aceita Deus e a Bíblia com toda a sua narrativa sobre a criação de tudo, inclusive do homem.
• **Evolucionismo:** aceita a teoria da evolução das espécies, criada por Charles Darwin, e que afirma que o homem é resultado de uma longa evolução que se iniciou há milhões de anos.

IÇAMI**TIBA**

surge a questão sobre qual a origem do mundo e do homem é que ocorrem acalorados debates. Nos debates mais aprofundados, cada um continuará com a sua crença criacionista ou evolucionista.

Formação do seletor de pensamentos

Todos os humanos têm suas crenças, religiosas ou não, nas quais pautam suas atitudes, ações e palavras. Suas referências atuam antes mesmo de se formularem os pensamentos e pontos de vista. Essas referências, que hoje já estão internalizadas nas pessoas, um dia estiveram fora delas.

Charles manteve a fé religiosa até os últimos anos de sua vida, quando se declarou agnóstico

> As pessoas nascem com potencial para pensar. Os pais, a escola, o meio (televisão, internet, livros, jornais etc.) fornecem informações que serão transformadas em conhecimentos que, por sua vez, serão os conteúdos que irão gerenciar as palavras e as ações das pessoas.

Sentimentos, pensamentos, palavras e ações

sob o impacto da morte da sua filha Annie, aos 10 anos de idade.

A cultura pessoal que seleciona o que é bom--ruim, certo-errado, permitido-proibido não nasce com a pessoa. Muitas vezes é tão forte que já seleciona a atitude a ser tomada, a palavra a ser dita, a ação a ser feita, antes mesmo de serem pensadas. Essa cultura é o seletor de pensamentos.

Pense somente o que pode dizer

> Um dia, João me contava o quanto detestava Pedro, porque ele tratava mal as pessoas. João está esperando o dia para lhe dizer "umas poucas e boas". Eis que Pedro chegou e nos cumprimentou e ficamos os três a esperar o elevador. João baixou o olhar. Pedro reclamava do tempo, sem saber que João havia falado mal dele pouco antes de ele chegar. Imaginei como João se sentia e como Pedro reagiria se soubesse o que João falou...

O seletor de pensamentos de João permitiu que dissesse para mim o que não falaria para Pedro.

IÇAMITIBA

Ao contar para mim, João baixou a voz e certificou-se de que não havia ninguém por perto. Depois, quando Pedro chegou, ele baixou os olhos, ou seja, "não encarou" a situação. Acredito que João não deveria estar em paz também comigo, que agora sabia das suas intenções. Tanto sofrimento e desgaste para nenhum resultado.

> **Pessoas saudáveis também sentem ódio, mas são eficientes ao afastá-lo do coração.**

Seu problema foi o ódio no seu coração ser aceito pelo seletor de pensamentos. Para o ódio não escapar, abaixou o olhar, engoliu a raiva.

Mas se o seletor aceita o ódio, mesmo que não seja diretamente manifestado através das palavras e do comportamento, ele encontra um jeito de aparecer, seja pela maneira que se fala, pela postura corporal, tom de voz, pelo olhar, pelas respostas que dá.

> **O grande segredo é: se não puder falar, que afaste o ódio do seletor.**

Melhor seria se nem sentisse ódio. Porém, não há como não senti-lo, já que sentimentos são

Sentimentos, pensamentos, palavras e ações

> Alta performance é fazer, na família e na vida, o melhor possível e não julgar as demais pessoas do universo.

próprios dos seres humanos e não se manda neles. As pessoas mais saudáveis também sentem ódio, mas afastam-no com tamanha eficiência que parece que ele não existiu.

O que não pode acontecer é engolir o ódio. Se foi engolido, é porque não foi afastado. Afastar é não aceitar o ódio no coração e muito menos no seletor. Ódio engolido provoca depressão, mal-estar, comportamentos descontrolados que prejudicam a todos. O ódio sentido, quando justo, tem que ser manifestado adequadamente, possibilitando mudanças de atitudes e comportamentos em quem odeia e em quem é odiado.

É por isso que a alta *performance* é resultado também de pensar o que se pode ou se deve falar.

É como a resposta da criança ao pai que tentava lhe explicar o que era alta *performance*:

> **– Já entendi, pai! *Performance* é fazer tudo benfeito e não pensar mal de ninguém!**

Notas bibliográficas

ANTUNES, Celso. *Novas Maneiras de Ensinar, Novas Formas de Aprender*. Porto Alegre: Artmed, 2002.

BRANSFORD, John D. *Como as Pessoas Aprendem*: cérebro, mente, experiência e escola. São Paulo: Senac São Paulo, 2007.

CAMBRIDGE INTERNATIONAL DICTIONARY OF ENGLISH. London: Cambridge University Press, 1996.

COLLER, Ricardo. *O Reino das Mulheres*: O último matriarcado. São Paulo: Planeta, 2008.

CORTELLA, Mario Sergio. *Qual é a Tua Obra?* Inquietações propositivas sobre gestão, liderança e ética. Petrópolis. Rio de Janeiro: Vozes, 2007.

ELKAÏM, Mony. *Como Sobreviver à Própria Família*. São Paulo: Integrare, 2008.

ÉPOCA. São Paulo: Globo, p.132. 27/10/08.

ESTIVIL, Eduard e BÉJAR, Sylvia de. *Nana, Nenê*: como resolver o problema da insônia do seu filho. São Paulo: Martins Fontes, 2003.

FONSECA FILHO, José de Souza. *O Psicodrama da Loucura*: correlações entre Buber e Moreno. 7. ed. rev. São Paulo: Ágora, 2008.

Notas bibliográficas

FONSECA, Priscila M. P. C. da. *Síndrome da Alienação Parental*. Revista Brasileira de Direito da Família, v. 8, n. 40, fev/mar, 2007. Porto Alegre: Síntese.

GEHRINGER, Max. *O Melhor de Max Gehringer na CBN* v. 1. 120 conselhos sobre carreira, currículo, comportamento e liderança. São Paulo: Globo, 2006.

GLADWELL Malcom. *Fora de Série*. Rio de Janeiro: Sextante, 2006.

HERCULANO-HOUZEL, Suzana. *Sexo, Drogas, Rock' n' roll... & Chocolate:* o cérebro e os prazeres da vida cotidiana. Rio de Janeiro: Vieira & Lent, 2003.

_____. *Fique de Bem com Seu Cérebro*. Rio de Janeiro: Sextante, 2007.

_____. *O Cérebro em Transformação*. Rio de Janeiro: Objetiva, 2005.

HOUAISS, Instituto Antônio. *Dicionário Houaiss da Língua Portuguesa*. Rio de Janeiro: Objetiva, 2001.

JULIO, Carlos Alberto. *Reinventando Você*: a dinâmica dos profissionais e a nova organização. Rio de Janeiro: Elsevier, 2002.

MAGALHÃES, Dulce. *Manual da Disciplina para Indisciplinados*. São Paulo: Saraiva, 2008.

MALDONADO, Maria Tereza. *O Bom Conflito:* juntos buscaremos a solução. São Paulo: Integrare, 2008.

MARINS, Luiz. *Ninguém é empreendedor sozinho* – O novo *Homo habilis*. São Paulo: Saraiva, 2008.

MENTE & CÉREBRO. *De bem com o seu cérebro*. São Paulo: Ediouro, Segmento/Duetto Editorial [188: 44]. set. 2008.

MONTGOMERY, Malcolm. *A Mulher e Seus Hormônios... enfim em paz* – São Paulo: Integrare, 2006.

_____. *...E Nossos Filhos Cantam as Mesmas Canções*. São Paulo: Integrare, 2008.

MUSSAK, Eugenio. *Caminhos da Mudança*. São Paulo: Integrare, 2008.

NAVARRO, Leila e GASALLA, José Maria. *Confiança*: a chave para o sucesso pessoal e empresarial. São Paulo: Integrare, 2007.

OSORIO, Luis Carlos *et al*. *Manual de Terapia Familiar*. Porto Alegre: Artmed, 2009.

PROCTER, Paulo. *International Dictionary of English*. London: Cambridge University Press, 1996.

RIBEIRO, Nuno Cobra. *Sementes da Vitória*. 91. ed. São Paulo: Saraiva, 2008.

RODRIGUES, Arakcy Martins. *Indivíduo, Grupo e Sociedade*: Estudos de Psicologia Social. São Paulo: Edusp, 2005.

SERVAN-SCHREIBER, David. *Anticâncer*: Prevenir e vencer usando nossas defesas naturais. Trad. Rejane Janowitzer. Rio de Janeiro: Objetiva, 2008.

SOUZA, César. *Você é o líder da sua vida*. Rio de Janeiro: Sextante, 2007.

Notas bibliográficas

_____. *Você é do tamanho dos seus sonhos*. Um passo a passo para fazer acontecer e ter sucesso no trabalho e na sua vida pessoal. Rio de Janeiro: Agir, 2009.

SPITZ, René Arpad. *O primeiro ano de vida*. 3. ed. São Paulo: Martins Fontes, 2004.

TIBA, Içami. *Adolescentes:* Quem Ama, Educa! São Paulo: Integrare, 2005.

_____. *Amor, Felicidade & Cia.:* coletânea de textos. São Paulo: Gente, 1998.

_____. *Disciplina:* Limite na Medida Certa. Novos Paradigmas. São Paulo: Integrare, 2006.

_____. *Educação & Amor.* São Paulo: Integrare, 2006.

_____. *Ensinar Aprendendo*: Novos Paradigmas na Educação. São Paulo: Integrare, 2006.

_____. *Juventude & Drogas*: Anjos Caídos. São Paulo: Integrare, 2007.

_____. *Quem Ama, Educa!* Formando Cidadãos Éticos. São Paulo: Integrare , 2007.

VIANNA, Marco Aurélio F. *Líder Diamante*: o sétimo sentido: a essência dos pensamentos de grandes líderes brasileiros. São Paulo: Saraiva, 2008.

WHITE, Carolyn. *Criando Filho Único.* São Paulo: M. Books, 2008.

WONG, Robert. *O sucesso está no equilíbrio.* Rio de Janeiro: Elsevier, 2006.

IÇAMITIBA

Sobre Içami Tiba

Filiação Yuki Tiba e Kikue Tiba
Nascimento 15 de março de 1941, em Tapiraí/SP

1968 Formação: médico pela Faculdade de Medicina da Universidade de São Paulo – FMUSP.

1970 Especialização: Psiquiatra pelo Hospital das Clínicas da FMUSP.

1970-2010 Psicoterapeuta de adolescentes e consultor familiar em clínica particular.

1971-77 Psiquiatra-assistente do Departamento de Psiquiatria Infantil do Hospital das Clínicas da FMUSP.

1975 Especialização em Psicodrama pela Sociedade de Psicodrama de São Paulo.

1977 Graduação: professor-supervisor de Psicodrama de Adolescentes pela Federação Brasileira de Psicodrama.

Sobre Içami Tiba

1977-78   Presidente da Federação Brasileria de Psicodrama.

1977 a 1992   Professor de Psicodrama de Adolescentes no Instituto *Sedes Sapientiae*, em São Paulo.

1978   Presidente do I Congresso Brasileiro de Psicodrama.

1987-89   Colunista da TV Record no Programa *A mulher dá o recado*.

1989-90   Colunista da TV Bandeirantes no Programa *Dia a dia*.

1995 a 2010   Membro da equipe técnica da associação Parceria Contra as Drogas – APCD.

1997 a 2006   Membro eleito do *Board of Directors of International Association of Group Psychotherapy*.

2003-09   Conselheiro do Instituto Nacional de Capacitação e Educação para o Trabalho "Via de Acesso".

2005-10   Apresentador e Psiquiatra do programa semanal *Quem Ama, Educa*, na Rede Vida de Televisão.

- Professor de diversos cursos e workshops no Brasil e no exterior.

IÇAMITIBA

- Frequentes participações em programas de televisão e rádio.
- Mais de 3.400 palestras proferidas para empresas nacionais e multinacionais, escolas, associações, condomínios, instituições etc., no Brasil e no exterior.
- Criou a *Teoria Integração Relacional*, na qual se baseiam suas consultas, workshops, palestras, livros e vídeos.
- Tem 28 livros publicados. Ao todo, seus livros já venderam mais de 4.000.000 exemplares.
- Já atendeu a mais de 76.000 consultas a adolescentes e suas famílias.

LIVROS PUBLICADOS

1. *Sexo e Adolescência*. 10. ed. São Paulo: Ática, 1985.
2. *Puberdade e Adolescência*. 6. ed. São Paulo: Ágora, 1986.
3. *Saiba mais sobre Maconha e Jovens*. 6. ed. São Paulo: Ágora, 1989.
4. *123 Respostas sobre Drogas*. 3. ed. São Paulo: Scipione, 1994.
5. *Adolescência: o Despertar do Sexo*. 18. ed. São Paulo: Gente, 1994.

Sobre Içami Tiba

6. *Seja Feliz, Meu Filho!* 21. ed. São Paulo: Gente, 1995.

7. *Abaixo a Irritação*: como desarmar esta bomba-relógio do relacionamento familiar. 20. ed. São Paulo: Gente, 1995.

8. *Disciplina:* Limite na Medida Certa. 72. ed. São Paulo: Gente, 1996.

9. *O(a) executivo(a) & Sua Família*: o sucesso dos pais não garante a felicidade dos filhos. 8. ed. São Paulo: Gente, 1998.

10. *Amor, Felicidade & Cia.* 7. ed. São Paulo: Gente, 1998.

11. *Ensinar Aprendendo:* como superar os desafios do Relacionamento professor-aluno em tempos de Globalização. 24. ed. São Paulo: Gente, 1998.

12. *Anjos Caídos:* como prevenir e eliminar as drogas na vida do adolescente. 31. ed. São Paulo: Gente, 1999.

13. *Obrigado, Minha Esposa.* 2. ed. São Paulo: Gente, 2001.

14. *Quem Ama, Educa!* 164. ed. São Paulo: Gente, 2002.

15. *Homem Cobra, Mulher Polvo.* 29. ed. São Paulo: Gente, 2004.

IÇAMI TIBA

16. *Disciplina:* limite na medida certa. Novos paradigmas na nova educação. 83. ed. São Paulo: Integrare, 2006.
17. *Ensinar Aprendendo.* Novos paradigmas na educação. 29. ed. São Paulo: Integrare, 2006.
18. *Seja Feliz, Meu Filho.* Edição Ampliada e atualizada. 27. ed. São Paulo: Integrare, 2006.
19. *Educação & Amor.* Coletânea de textos de Içami Tiba. 2. ed. São Paulo: Integrare, 2006.
20. *Juventude e Drogas:* Anjos Caídos. 9. ed. São Paulo: Integrare, 2007.
21. *Quem Ama, Educa!* Formando cidadãos éticos. 22. ed. São Paulo: Integrare, 2007.
22. Conversas com Içami Tiba – Volume 1. São Paulo: Integrare, 2008 *(Pocketbook).*
23. Conversas com Içami Tiba – Volume 2. São Paulo: Integrare, 2008 *(Pocketbook).*
24. Conversas com Içami Tiba – Volume 3. São Paulo: Integrare, 2008 *(Pocketbook).*
25. Conversas com Içami Tiba – Volume 4. São Paulo: Integrare, 2009 *(Pocketbook).*
26. *Família de Alta Performance.* Conceitos contemporâneos na educação. 11. ed. São Paulo: Integrare, 2009.
27. *Homem Cobra, Mulher Polvo.* São Paulo: Integrare, 2010.

Sobre Içami Tiba

28. *Adolescentes*: Quem Ama, Educa! 39. ed. São Paulo: Integrare, 2005.

- Tem quatro livros adotados pelo Promed do FNDE (Fundo Nacional e Escolar de Desenvolvimento), Governo do Estado de S. Paulo – Programa de Melhoria e Expansão do Ensino Médio.
  - *Quem Ama, Educa!*;
  - *Disciplina*: Limite na Medida Certa;
  - *Seja Feliz, Meu Filho*;
  - *Ensinar Aprendendo*: como superar os desafios do relacionamento professor-aluno em tempos de globalização.

- O livro *Quem Ama, Educa!*, com mais de 560.000 exemplares vendidos, foi best-seller de 2003 segundo a revista *Veja*. Também é editado em Portugal (Editora Pergaminho), na Espanha (Editora Obelisco) e na Itália (Editora Itália Nuova) e em todos os países de língua espanhola (Santillana Ediciones).

- Em pesquisa feita em março de 2004 pelo Ibope, a pedido do Conselho Federal de Psicologia, Içami Tiba foi o terceiro profissional mais admirado e tido como referência pelos psicólogos brasileiros, sendo Sigmund Freud, o primeiro, e Gustav Jung, o segundo. A seguir, vêm Rogers, M. Klein, Winnicott e outros. (Publicada pelo *Psi* Jornal de Psicologia, CRP SP, n. 141, jul./set. 2004).

Conheça as nossas mídias

www.editoraintegrare.com.br/blogs/educacao
www.facebook.com/integrare
www.instagram.com/editoraintegrare
www.editoraintegrare.com.br